Abrir a história
Novos olhares sobre o século XX francês

Coleção
HISTÓRIA & HISTORIOGRAFIA

Coordenação
Eliana de Freitas Dutra

Jean-François Sirinelli

Abrir a história
Novos olhares sobre o século XX francês

Tradução
Fernando Scheibe

autêntica

Copyright© 2013 CNRS Éditions
Copyright © 2014 Autêntica Editora

Título original: Désenclaver l'histoire: nouveaux regards sur le xxe siècle français

Todos os direitos reservados pela Autêntica Editora. Nenhuma parte desta publicação poderá ser reproduzida, seja por meios mecânicos, eletrônicos, seja via cópia xerográfica, sem a autorização prévia da Editora.

COORDENADORA DA COLEÇÃO HISTÓRIA E HISTORIOGRAFIA
Eliana de Freitas Dutra

EDITORA RESPONSÁVEL
Rejane Dias

REVISÃO TÉCNICA
Vera Chacham

REVISÃO
Roberta Martins
Lívia Martins

CAPA
Alberto Bittencourt
(Sobre imagem de Freeimages/kslyesmith)

DIAGRAMAÇÃO
Jairo Alvarenga Fonseca

Dados Internacionais de Catalogação na Publicação (CIP)
(Câmara Brasileira do Livro, SP, Brasil)

Sirinelli, Jean-François

Abrir a história: novos olhares sobre o século XX francês / Jean-François Sirinelli ; coordenação Eliana de Freitas Dutra ; tradução Fernando Scheibe. -- 1. ed. -- Belo Horizonte : Autêntica Editora, 2014. -- (Coleção História & Historiografia)

Título original: Désenclaver l'histoire : nouveaux regards sur le xxe siècle français.
ISBN 978-85-8217-435-7

1. França - Condições sociais 2. França - História 3. França - História - Século 20 4. França - Política e governo - Século 20 5. França - 1958- - Quinta República - Historiografia 6. Paris (França) - História I. Título. II. Série.

14-08993   CDD-944.083

Índices para catálogo sistemático:
1. França : História : Século 20   944.083

Belo Horizonte
Rua Aimorés, 981, 8º andar . Funcionários
30140-071 . Belo Horizonte . MG
Tel.: (55 31) 3214-5700

Televendas: 0800 283 13 22
www.grupoautentica.com.br

São Paulo
Av. Paulista, 2.073, Conjunto Nacional,
Horsa I . 23º andar, Conj. 2.301 . Cerqueira César .
01311-940 . São Paulo . SP
Tel.: (55 11) 3034-4468

"[...] a história, temo, não nos permite prever; mas, associada à independência de espírito, pode nos ajudar a ver melhor."

Paul Valéry,
13 de julho de 1932, *Variété IV*,
Paris, Gallimard, 1938, p. 142.

SUMÁRIO

Introdução – O pôlder e a história-mundo.. 9

Capítulo 1 – Reflexões sobre a história e a historiografia
do século XX francês.. 11

Capítulo 2 – Ecossistema e jogos de temporalidades:
os *Vinte Decisivos* (1965-1985).. 33

Capítulo 3 – Os deslizamentos progressivos do olhar: por uma
história dos estereótipos... 49

Capítulo 4 – A norma e a transgressão: observações sobre a
noção de provocação em história cultural......................... 63

Capítulo 5 – "Johnny", um lugar de memória?... 77

Capítulo 6 – "O 10 de maio" de 1981 não acontecerá 89

Capítulo 7 – A história política na hora do *"transnational turn"*:
a ágora, a Cidade, o mundo... e o tempo........................ 103

Fontes dos textos.. 125

INTRODUÇÃO

O pôlder[1] e a história-mundo

Em 2005, tive a oportunidade de reunir em feixe certo número de trabalhos que, ao longo de minha carreira, e no momento em que eu dobrava a curva dos sessenta, tinham me visto passar, em minhas pesquisas, do primeiro ao segundo século XX. Essa progressão cronológica se fizera acompanhar de uma evolução intelectual e epistemológica, da qual tentei dar conta num livro de 2005 intitulado *Comprendre le XXe siècle français* [Compreender o século XX francês] e que evoco também no primeiro texto aqui recolhido. Desde essa publicação, meu enraizamento na segunda metade do século XX prosseguiu, o que me conduziu, por meio dessa reação intelectual em cadeia que um itinerário científico sempre acaba sendo, a questões novas, colocadas por esse posicionamento no ponto extremo do "pôlder", ou seja, essas praias de tempo formadas pelo escoamento do tempo.

Por um lado, claro está, é precisamente essa questão do tempo que é central para qualquer historiador do... tempo presente. É de propósito, como verão, que o último capítulo deste novo livro termina com a evocação dessa questão. O historiador, de fato, especialmente aquele que trabalha com esse tempo próximo, se

---

[1] O pôlder é aquela "planície protegida por diques contra inundações e utilizada na agricultura e na habitação" (HOUAISS), típica dos Países Baixos. Representa aqui o terreno conquistado pelo historiador no tempo da história. (N.T.)

vê confrontado a jogos de escalas cronológicas, e suas análises só ganham todo seu sentido quando (ou se) recolocadas em temporalidades imbricadas.

Posto isso, por outro lado, deslindar tais temporalidades não cabe unicamente ao pesquisador que se debruça sobre a segunda metade do século XX. Em contrapartida, e é este aos meus olhos o principal ensinamento deste livro, nele o pesquisador se vê confrontado diretamente a uma história-mundo,[2] dada a conexão cada vez maior do metabolismo do Estado-Nação francês a processos de globalização. Aí também, como se verá, o último capítulo tenta trazer a lume tal conexão. A abertura da história, no final das contas, deve ser feita com uma geometria variável, no pôlder do tempo próximo tanto quanto nos jogos de escalas espaciais dessa história-mundo.

Por isso, este livro, querendo-se uma contribuição aos debates historiográficos e epistemológicos atuais, não pretende se... desconectar desta dupla missão de contribuição ao avanço do conhecimento histórico e de pesquisa do sentido, que o ofício do historiador continua a ser acima de tudo. Vários textos apresentados aqui intentam, portanto, ser pistas concretas para uma história política e cultural deste segundo século XX francês.

Jean-François Sirinelli
9 de janeiro de 2013

---

[2] É a razão pela qual o livro de 2005 terminava com um artigo intitulado "L'événement-monde" [O acontecimento-mundo], publicado em 2002.

CAPÍTULO I

Reflexões sobre a história e a historiografia do século XX francês

Se a história cultural, sob esse nome ou sob outras etiquetas, esteve, há já várias décadas, no coração das pesquisas de muitos estudiosos da época moderna, assim como de alguns especialistas no século XIX, sua legitimidade e sua possível fecundidade permaneceram muito tempo mal estabelecidas para a história do século XX. A esse respeito, os anos 1980 e 1990 foram o momento em que essa legitimidade foi estabelecida e essa fecundidade demonstrada. Nos dois casos, o movimento se fez marchando, com novas terras de pesquisa conquistadas, mas também através de um inegável ganho epistemológico acionado por diversas constatações. Por um lado, se o historiador tenta restituir um passado abolido e, portanto, reconstituir uma realidade desaparecida, ele sabe muito bem que esta não apenas é complexa mas, ainda por cima, nunca pode ser percebida instantaneamente em sua realidade intrínseca. Ora, a história cultural, interessando-se pelas operações de apreensão do real e, na mesma medida, pelos sentidos assumidos por esse real através dos mecanismos de percepção, que são ao mesmo tempo processos de alteração, se situa *de facto* no coração de qualquer tentativa historiográfica de levar em consideração o sujeito agente e pensante. Por outro lado, essa valorização do sujeito, necessária para o estudo histórico de todas as épocas, assume uma importância ainda maior para o século XX, trabalhado em profundidade por vetores culturais cada vez mais poderosos, que interferem necessariamente nesses processos de percepção-alteração. Deixar de situar a história do século XX sob o feixe iluminador da história cultural leva a deixar na penumbra chaves essenciais para sua compreensão. Ao déficit histórico que poderia se instaurar assim, se acrescentaria uma espécie de paradoxo: privar de abordagem cultural a história de um século que foi aquele do enraizamento de uma cultura de massa cada vez mais densa e ramificada. Isso posto, tal constatação acarreta várias consequências historiográficas, tanto sobre as abordagens possíveis desse século tão próximo, mas já "século passado", quanto sobre o estabelecimento de sua cronologia fina.[3]

Quando publicamos, Jean-Pierre Roux e eu, em 1997, *Pour une histoire culturelle* [Por uma história cultural], essa obra coletiva certamente não concernia, nem de longe, apenas ao século XX, mas o fato de ter sido dirigida por dois especialistas no século XX e de ter sido fruto de um seminário conduzido por eles havia já oito anos, não era insignificante e servia de indício, entre outros, de um novo dado historiográfico: o último século do segundo milênio estava entrando, no momento mesmo em que terminava, no território ecumênico da história cultural. Mas será que se deveriam aplicar a ele as mesmas abordagens utilizadas por essa história para outros períodos?

A ágora e a Cidade

A história cultural, como eu já sublinhava no texto "Éloge de la complexité" [Elogio da complexidade], que constituía a conclusão do livro de 1997, permite, principalmente, melhor dar conta da complexidade das realidades humanas. Ela autoriza, além disso, a análise dos processos variados de apreensão dessas realidades pelos

---

[3] Essas reflexões foram redigidas simultaneamente à finalização da introdução de meu livro *Comprendre le XXͤ siècle français*, publicado em 2005 pela Éditions Fayard. Para maiores desenvolvimentos sobre os temas aqui abordados, remeto portanto à referida introdução, assim como aos diversos textos do livro.

indivíduos e pelos grupos. De fato, ela se situa na interface do real e de sua percepção, e é isso que, para além dos debates de definição, lhe confere sua identidade: a história cultural se interessa tanto pelos fenômenos de percepção por parte de uma consciência individual quanto pelas representações coletivas no seio das sociedades humanas. Nos dois casos, trata-se de estudar o sujeito pensante em suas componentes pessoais, assim como em sua inserção nas mentalidades, aliás multiformes, de seu tempo. E, se consideramos que a grande virada historiográfica em relação à situação das ciências sociais dos anos 1960 é o retorno do sujeito agente e pensante, a história cultural é mesmo uma das alavancas dessa evolução. Ao mesmo tempo "pé na cara" dos defensores das correlações pesadas que trancafiavam a análise dos processos históricos em bastilhas historiográficas e pé de cabra que permite libertá-la, essa história contribuiu para dar mais jogo e mais ar a análises históricas demasiado rígidas e um tanto confinadas. O sujeito, de fato, se viu progressivamente liberado das prisões estruturais, e dois campos da disciplina histórica, em especial, foram assim abertos. A história política foi liberada da prisão das correlações socioeconômicas pesadas: em seu seio, a partir de então, o sujeito agente, ator da história, reencontrava sua parte de autonomia. Quanto à história cultural, que ajuda a apreender o sujeito pensante, ela volta a dar a este uma parte de seu livre-arbítrio.

Essa revolução foi tanto mais fecunda por não se aparentar a uma espécie de retorno do pêndulo historiográfico que eliminasse o social do olhar do historiador. A autonomia adquirida pela história política diante do socioeconômico certamente não significava a reivindicação de sua independência: uma história política que se refugiasse no "todo político", cortando todas as amarras em relação ao social, daria conta de uma realidade amputada de uma parte de sua complexidade. Ainda mais que, para completar, a história cultural – que é forçosamente uma história dos desvios, já que os modos de apropriação do sentido das coisas pelos grupos humanos são sempre diferenciais – não pode ser dissociada do social. Ao que se acrescenta mais um aspecto da recente mutação historiográfica: longe de se encontrar evacuado do campo de análise do historiador, o social permanece muito presente aí, mas através dos modos de elaboração em que o cultural é às vezes central. Em outros termos: a cultura aparece, sob muitos aspectos, como uma das modalidades de estruturação do social. As formas de expressão e de recepção cultural, assim como seus vetores, ocupam inegavelmente um lugar essencial no metabolismo das sociedades.

No que tange à história do século XX francês, especialmente sua história política, os efeitos acarretados pela tomada em consideração do sujeito em seu aspecto bifronte, ao mesmo tempo agente e pensante, são capitais. Em termos gerais, diremos que essa tomada em consideração permite, em primeiro lugar, ampliar o campo de análise, passando do estudo das instituições – cuja história, aliás, ela permite renovar profundamente – à análise da socialização política e, mais amplamente, do laço social. A história cultural do político passa assim da ágora à Cidade, entendida aqui, fazendo eco especialmente aos trabalhos de Luc Boltanski e Laurent Thévenot, como o ser-junto, a coexistência social, conflituosa ou consensual.

Estudar a ágora é, por exemplo, debruçar-se sobre os fenômenos de opinião, essenciais num século em que, na França, assim como numa parte dos Estados vizinhos, triunfam – mas também, em certos casos, vacilam – os regimes representativos. As percepções individuais, agregadas e revezadas, alimentam, de fato, o debate político por meio de partidos e grupos de pressão interpostos. Mas o historiador não trabalha apenas com essas opiniões, elas próprias princípio ativo das lutas eleitorais. Mais amplamente, é preciso também sondar as representações mentais, mais difusas, mas também constitutivas dos ecossistemas políticos: como um regime é percebido tanto por uma consciência individual quanto por um agregado de indivíduos? E quais são os mecanismos, aliás complexos, de aprovação e de adesão, ou de negação e oposição, que daí decorrem? Tentar responder a semelhantes questões é precioso para o estudo da representação do Estado, permitindo superar a análise

– necessária – dos princípios de *legalidade* de um regime político e prestar igualmente atenção aos processos de *legitimidade*: como um regime se enraíza num húmus sociocultural e em que medida se constitui, eventualmente, um ecossistema, que podemos definir como um equilíbrio frágil entre um regime político e a base sociocultural – uma sociedade, em sua morfologia, mas também em suas normas e valores – que o sustenta. Portanto, as instituições de que um grupo humano se dota, numa determinada época, mas também os mecanismos que, para além mesmo da eventual opressão, facilitam a manutenção dessas instituições e favorecem sua perenidade.

Essa noção de ecossistema, que batizaremos aqui, mais prosaicamente, de "sistema político", dando seu sentido pleno a essa expressão, é essencial para uma reflexão sobre o século XX francês. Os trabalhos de Maurice Agulhon, especialmente, permitiram analisar a constituição, no fim do século XIX, de um ecossistema republicano: em pouco tempo, a República não é mais apenas uma imposição dos vencedores aos vencidos, ela recebe o assentimento da maioria. A partir daí, as culturas políticas até então concorrentes da cultura republicana logo não serão mais do que marginais, residuais mesmo, face a esse modelo vitorioso e conquistador.[4] Para tanto, esse modelo teve que enfrentar todas as ondulações do século XX, e a pista da afinidade política – e não mais apenas ideológica, como para os intelectuais – é aqui essencial para dar conta do metabolismo desse organismo vivo e mutante que foi o modelo da Terceira República, surgido dos grandes combates do século XIX.[5] É aí

---

[4] Não me deterei aqui à noção de cultura política, essencial para a colocação em prática de uma história cultural do político. Essa noção sofre, no entanto, de uma volatilidade de sua definição e de uma instabilidade de seu perímetro de aplicação. Uma plasticidade demasiado grande correria o risco de torná-la incperável e ela conheceria então, guardadas as proporções, a mesma desventura que o conceito de "mentalidades". Remeto especialmente, a respeito de minha análise desse ponto, a "Pour une histoire des cultures politiques" [Por uma história das culturas políticas], in: *Voyages en histoire. Mélanges offerts à Paul Gerbod* [Viagens na história. Mesclas oferecidas a Paul Gerbod], Annales littéraires de l'Université de Besançon, difusão Les Belles Lettres, 1995.

[5] Sobre esse metabolismo, e com esse ângulo de ataque, remeto a meu livro *Aux marges de la République. Essai sur le métabolisme républicain* [Às margens da República. Ensaio sobre o metabolismo republicano], Paris: PUF, 2001. Redigido como contribuição a uma obra coletiva sobre a democracia francesa organizada por Marc Sadoun para a editora Gallimard, esse livro

que uma abordagem cultural do político permite decifrar crises e abalos, superando a análise – necessária – dos princípios de *legalidade* de um regime político para prestar atenção também, como já disse, nos processos de *legitimidade*. E se semelhantes observações são, é claro, válidas para todas as épocas, elas assumem uma importância ainda maior e se tornam ainda mais imperiosamente necessárias para os períodos em que os regimes representativos triunfam, já que estes, por essência, só podem perdurar se mecanismos de aprovação implícita ou explícita entram em funcionamento e se, através deles, operam-se adesões.

Ainda é preciso também questionar o funcionamento desse ecossistema, ampliando ainda mais o perímetro de análise. Esses mecanismos, de fato, foram considerados, por muito tempo, acima de tudo através da explicação do voto, ela mesma em grande parte dependente do modelo labroussiano. Ora, se o voto e sua análise são, por certo, fundamentais para fazer a história dos sistemas representativos, que concernem diretamente à França do século XX, eles não podem deixar de se integrar numa operação mais ampla e mais fecunda, a de uma história da socialização política, indissociável daquela da afinidade: por que, no registro político, as pessoas se aproximam, eventualmente se agrupam e, a partir daí, aderem ao mesmo sistema de representações coletivas que solda um grupo? Esse século XX francês deve, portanto, ser igualmente apreendido através de uma história das conivências e das sensibilidades partilhadas, história que se inscreve perfeitamente no interesse atual pelo sujeito agente e pensante. O ator, especialmente o ator na ágora, é de fato tributário, na própria ação que lhe confere essa identidade de ator, das operações mentais de apreensão do mundo que o cerca. Ora, já foi dito, semelhante apreensão nunca resulta na percepção

---

foi para mim a ocasião de, no fim dos anos 1990, propor uma leitura dessa história do século XX francês – ali dilatada até as primeiras décadas da III República. Ele serviu também como contraparte – mais política – da abordagem cultural que eu propusera três anos antes em *Le temps des masses* [O tempo das massas], tomo IV da *Histoire culturelle de la France* [História cultural da França], publicada em 1998 com Jean-Pierre Roux (reedição Paris: Le Seuil, coleção "Points-Histoire", 2005). Dela, eu redigira os capítulos concernentes ao período 1918-1962.

da realidade, e sim de seu reflexo. E é essa percepção-alteração que, na verdade, determina as modalidades da ação. Tanto quanto a história cultural, e em osmose com ela, a história política é, portanto, concernida pela tentativa historiográfica de levar em conta o sujeito ao mesmo tempo agente e pensante.

Isso posto, os atores do político não são unicamente movidos por análises racionais ou doutrinas estruturadas. Intervêm também, e tanto quanto, percepções menos elaboradas, provenientes do infrapolítico. E, para apreendê-las, é desejável ampliar a história cultural do político com abordagens provenientes da antropologia. O que, no final das contas, reúne os dois ramos possíveis da história dita cultural. De qualquer forma, é uma tarefa certamente complexa para o historiador a de determinar segundo quais modalidades e com que intensidade essas percepções mais difusas, essas maneiras de ser, de agir, de conceber, de sentir incidem sobre os comportamentos políticos. O campo de investigação assim desenhado, diferente daquele das culturas políticas, é o do reativo e do semiconsciente. Assim, a relação com outrem, que determina a representação que um indivíduo ou uma comunidade podem ter do Outro – o diferente ou o estrangeiro –, ou a relação com a vida e com a morte, que determina por sua vez a relação com a violência feita ou recebida, são essenciais para uma plena compreensão dos fenômenos políticos. Ou ainda a ideia que um indivíduo ou um grupo podem ter da igualdade – e, portanto, indiretamente, da noção de propriedade – ou da liberdade.

Semelhantes registros de análise são certamente essenciais, na medida em que concernem ao ser-junto: não apenas a ágora, portanto, onde se travam as lutas políticas e se desenvolvem as culturas políticas, mas também, mais amplamente, a Cidade, onde se organiza, de maneira conflituosa ou consensual, a coexistência social. Se as culturas políticas provêm sobretudo de dados imediatos e da consciência política, com essas sensibilidades mais complexas saímos do discursivo para chegar ao inexprimido. Inexprimido, por certo, mas que interfere com os fatos e gestos da maioria e contribui assim para o funcionamento da Cidade e para a coexistência cotidiana de si com os outros.

Até 1962:
França em guerras, França cansada de guerra

Essa passagem da ágora para a Cidade e o uso desejável, para fazê-la, da antropologia histórica, são no entanto possíveis para o conjunto do século XX francês, especialmente suas últimas décadas? Veremos que a resposta é delicada e que, na verdade, desenham-se, para a história desse século, duas configurações historiográficas sucessivas bem marcadas. Mas é também no desenvolvimento histórico do século XX francês que aparecem duas vertentes nitidamente distintas. E é hora de tratar, para além de uma reflexão preliminar que era necessária sobre o estojo de ferramentas desejáveis e sobre o substrato epistemológico das abordagens possíveis para um estudo renovado desse século XX, desta questão essencial: o que dizer, no fim das contas, como historiador, deste período tão próximo mas já etiquetado como "século passado"? Sem esquecer de voltar, então, às duas configurações historiográficas e ver se há uma correlação com aquelas duas vertentes históricas do século XX.

Estas são desenhadas pelo contraste entre a onipresença e o desaparecimento da guerra do horizonte nacional. Todo e qualquer historiador que trabalhe sobre o século XX francês, quaisquer que sejam o objeto tratado e a abordagem adotada, esbarra necessariamente, em algum momento de sua pesquisa, com esse fenômeno histórico que é a guerra. A constatação é evidente, especialmente no que tange ao período 1919-1939: é então que a sociedade francesa inteira é percorrida por uma espécie de tendência pesada – de *"trend"* – pacifista. Essa obsessão pela paz é certamente o reflexo e o contragolpe da ceifa que a precedeu. A guerra e a paz, indissociavelmente ligadas nas representações coletivas de uma época conhecida como... entreguerras, formam um par estrutural e estruturante: essas representações coletivas moldam as estruturas mentais dessa época, e logo a maior parte dos outros aspectos – político, social, econômico, cultural – que animam e por vezes dividem a comunidade nacional passam a ser julgados a partir delas. Mas, olhando bem, a guerra está incessantemente no horizonte dessa história francesa até bem adiante no século, no limiar dos anos 1960. De fato, até 1962, a história francesa poderia, sob muitos aspectos, se resumir nesta fórmula de impacto: a guerra, sempre recomeçada. Por quase um século, de 1870 a 1962, a marca desta foi profunda na vida e na consciência da comunidade francesa, remodelando as paisagens, alterando o calendário, impregnando e saturando a memória. Por certo, quando o século XX começa, há já três décadas que a França está em paz, e essa simples constatação parece desmentir a ideia de uma tendência belicosa começada em 1870. Acontece, no entanto, que a cultura republicana foi forjada pela guerra de 1870-1871 e que, ao longo dos trinta anos que se seguiram, muitas das agitações e das impaciências nacionais foram periodicamente reativadas pela presença ainda viva do conflito franco-prussiano. O ciclo belicoso, entendido no sentido de uma sucessão de guerras, mas também de seus efeitos colaterais, está, portanto, já bem engrenado no limiar do século passado, no momento em que as ceifas de duas guerras mundiais ainda estavam por vir e que ainda não se sabia que o choque de 1914-1918 se revelaria incomensurável em relação àquele de 1870-1871.

E a partir daí, ainda que as duas guerras coloniais, na Indochina e na Argélia, de 1946 a 1962, não tenham afetado diretamente o território metropolitano, os rastros profundos desses conflitos sucessivos, de 1870 a 1962, se mesclaram a nossa história até fundirem-se a ela, afetando assim a própria identidade nacional e instaurando uma relação complexa, mantida ao longo de um século mortífero até dois terços de seu curso, entre os franceses e a guerra. Relação complexa, também, com o anverso desta, a paz. A intensidade do ciclo belicoso tornou-o tão vivo que a paz se instalou, por momentos, no coração das paixões francesas. A tal ponto, de resto, como vimos, que se pode falar também, sem que haja contradição com a existência desse ciclo belicoso, da presença de *trends* pacifistas, por exemplo entre as duas guerras. O termo, na verdade, é utilizável tanto para caracterizar a onipresença da guerra quanto para dar conta da obsessão pela paz.

Nessa espécie de cadeia belicosa constituída por conflitos sucessivos, há um, no entanto, que pesou ainda mais do que os outros sobre o metabolismo e os afetos de nossa comunidade nacional. De fato, entre 1914 e 1918, pela primeira vez em nossa história, foi o país inteiro, e não apenas sua juventude masculina, que se extremou em seu esforço de guerra para o primeiro conflito da era de massas. A visão de Giraudoux, em *La Guerre de Troie n'aura pas lieu* [A guerra de Troia não acontecerá], de um coro de velhos exortando os mais jovens a morrer bem é redutora: por certo, foi essa juventude masculina que foi imolada, mas foram massas inteiras que sofreram, e não apenas pelas ondas de mágoa e luto assim ocasionadas, nem pela onda de choque assim desencadeada sobre as estruturas demográficas. Quando, quarenta anos depois, Jean Guéhenno escreve, em 1957, em *La foi difficile* [A fé difícil]: "Não cessamos de pagar por essa sangria monstruosa pela qual tudo começou. No Ocidente da Europa, o peso dos homens sobre a terra foi alterado", ele pensa certamente nessa onda de choque e nessa juventude imolada, mas provavelmente também naquilo que "começou", ou, antes, prosseguiu, esse jogo de forças entre a guerra sempre recomeçada e uma aspiração pacifista vinda do âmago de uma nação sangrada até a última gota: nação em guerras, nação cansada de guerra, a França realmente esteve presa, até o limiar dos anos 1960, no torno desse jogo de forças.

Por isso, no que tange às consequências da guerra, não é o segundo conflito mundial, apesar de sua amplitude e de seus horrores, que confere ao século XX francês duas vertentes bem marcadas. Não está aí, de fato, o cume que separaria um lado da montanha, exposto a essas consequências, do outro, que, após 1945, teria ficado melhor protegido das irradiações da guerra. A França, pelo contrário, não conheceu, após a Liberação, um pós-guerra.

É, de resto, uma história singular a de nossa comunidade nacional, que, depois de 1944-1945, foi atingida em cheio pela dupla onda de choque que atravessou o planeta entre esse imediato pós-guerra e o início dos anos 1960: as guerras de descolonização e a Guerra Fria. Olhando bem, a França foi o único grande país da época a se encontrar assim numa espécie de ponto de confluência histórica, bem onde quebravam as duas ondas. A Grã-Bretanha, primeira potência colonial, teve certamente que enfrentar algumas guerras de descolonização, mas um comunismo endógeno, reduzido à porção congruente, fez para ela da Guerra Fria uma questão de diplomacia e de defesa nacional, não um problema político interno. Pelo contrário, se as altercações na Itália de Peppone e Dom Camilo foram o produto interno dessa Guerra Fria, a ausência naquela época de um império colonial italiano afastou esse país da outra onda de choque. A França, por seu lado, será ao mesmo tempo o vilarejo da planície do Pó imaginado no romance de Giovanni Guareschi, fissurado pelos efeitos da ruptura Leste-Oeste, e uma potência dilatada à escala mundial, cuja retração às dimensões do Hexágono – fórmula forjada para esta ocasião –, por conta da descolonização, sacudiu duradouramente, por dezesseis anos, do conflito indochinês à guerra da Argélia.

Essas ondas de choque foram ainda mais fortes pelo fato de que um acontecimento não influi sobre o devir de uma nação apenas por meio de sua força cinética. Ele também reaviva nela debates e conflitos mais antigos, reativando lembranças momentaneamente adormecidas e crises aparentemente superadas. E isso se aplica tanto ao momento da Guerra Fria quanto ao da guerra da Argélia, em que operarão esses jogos e rejogos[6] de memórias. Tanto é verdade que os atores, sujeitos pensantes e agentes, são sempre tributários das memórias coletivas, vivas ou adormecidas, que constituem o *software* de uma época ou de um grupo huma-

---

[6] No original, *"ces jeux et rejeux"*. Em francês, *rejeu* [plural: *rejeux*] tem um significado geológico: a retomada de movimentos tectônicos ao longo de uma falha. (N.T.)

no. No início dos anos 1960, ao termo de nove décadas de ciclo belicoso, esse *"software"* estava portanto profundamente marcado pela impressão das guerras.

O pôlder

Ao mesmo tempo, é verdade, se Jean Guéhenno evocava ainda em 1957 tal impressão – a "sangria" original e suas consequências –, é preciso constatar que fermentos de renovação estavam então já bem ativos, fermentos que, além do mais, logo se inscreveriam numa configuração nova no início da década seguinte. Certamente, tendo em vista a amplitude do segundo conflito mundial e das tragédias que o acompanharam, em razão também do abalo que foram para a história de nossa comunidade nacional a derrota de 1940, a morte de uma República, a Ocupação e seus dramas, pode parecer surpreendente que esse conflito não apareça aqui como a linha divisória natural que separa em duas vertentes o século XX francês. No entanto, o fato é que é realmente o início dos anos 1960 que constitui uma verdadeira linha de partilha das águas. O que se deu na França desde o início dos anos 1960 provém de uma outra bacia de escoamento e de decantação históricas. Ao menos é essa a tese que defenderemos aqui: não apenas o país está desde então em paz, mas a metamorfose francesa que tem início então o faz entrar – no momento mesmo em que seu espaço se retrai pela primeira vez depois de mais de um século, e em que ele muda, portanto, ainda por cima, radicalmente de equilíbrio geográfico – numa nova fase de sua história.

Bem mais: para estudar essa fase, o procedimento do historiador não pode ser o mesmo utilizado para a primeira vertente do século. De certa forma, a linha de partilha das águas dos anos 1960 constitui também uma cesura historiográfica, e, com essa constatação, nos deparamos com este ponto essencial: refletir como historiador sobre o século XX francês é, ao mesmo tempo, tentar depreender suas linhas de força e forjar as ferramentas adaptadas a semelhante tarefa. Ora, a constatação da importância dos anos 1960 para a realização desses dois objetivos confirma que ambos estão consubstancialmente ligados: se essa década desenha duas bacias cronológicas bem delimitadas, mas também duas configurações historiográficas bem distintas, é porque essa mudança de configuração foi na verdade acarretada pela passagem de uma bacia cronológica à outra.

Tal passagem, é preciso voltar a isso, realmente se opera nos anos 1960: a França, saída de um *trend* belicoso quase secular, é então, além do mais, arrastada pela mutação mais rápida de sua história, e o historiador, embora tendo consciência das dificuldades que isso gera, deve abordar essa década, sob pena de se privar de uma chave essencial para a compreensão do segundo século XX francês. Isso posto, entre as dificuldades inerentes a tal empreendimento, a primeira em que inevitavelmente esbarra o pesquisador é aquela, recorrente, da legitimidade de uma história do tempo presente. Já há cerca de trinta anos, os historiadores que trabalhavam com seu próprio século tinham sido confrontados a uma questão essencial: deviam, em suas pesquisas, transpor o cabo dos anos negros da Segunda Guerra Mundial e abordar as margens do segundo meio-século? A resposta, que parece evidente hoje, não o era naquela data, pelo menos para um bom número deles. Mas, progressivamente, o historiador deixou de ser obrigado a conceber sua prática como uma espécie de *retorno das cinzas* de um passado abolido. Mesmo se esse passado permanecia legitimamente o campo principal de investigação da pesquisa histórica, passou-se a admitir que é também objeto de história esse entre-dois que está situado na escala humana do historiador pelos fenômenos de contemporaneidade e as reverberações de memória e que se encontra, assim, entre passado abolido e tempo imediato. Se semelhante mutação historiográfica pôde, a princípio, perturbar ou irritar, um consenso progressivamente se estabeleceu no seio da corporação dos historiadores: Clio está deontologicamente habilitada e metodologicamente armada para tomar o pulso da história próxima.

Para tanto, o historiador do tempo presente não deve apenas, como seus outros colegas, conhecer a si mesmo e ser capaz de medir e ponderar as eventuais implicações disso sobre sua prática. Ele se encontra, além do mais, diretamente implicado neste jogo de forças complexo que são, numa sociedade, as relações entre história e memória. De fato, ele não apenas está diretamente confrontado, tendo em vista a definição da história do tempo presente, a esse jogo de forças – que se tornou, de resto, já há duas ou três décadas, um problema-chave, ao mesmo tempo metodológico e epistemológico, para essa história –, mas, ainda por cima, sua própria memória, longe de ser apenas uma simples peneira, é igualmente um acelerador de partículas históricas: ela tria, mas também reintegra rapidamente no domínio historiográfico, fatos a que o recuo histórico ainda não conferiu sua densidade definitiva. Aí também a prudência se impõe, pois o historiador do tempo presente desnaturaria sua operação e alteraria seu sentido se não controlasse o fluxo desses jogos e rejogos de memória. E essa prudência é ainda mais indispensável posto que esse historiador é demiurgo: ele desenha pouco a pouco a trama do tempo presente exercendo sua atividade heurística sobre um segmento cronológico em extensão contínua. Como um camponês holandês, ele tem por vocação "polderizar" as décadas recentes, que o tempo que passa forma como novas praias temporais a investir.

A história do tempo presente, como se vê, é ao mesmo tempo a afirmação de um princípio – a história próxima não escapa ao perímetro de investigação da disciplina histórica – e a instauração de uma prática de geometria variável – o perímetro investido é, por essência, um perímetro extensivo. Essa história é, portanto, indexada sobre uma escala móvel do tempo. Seu ecúmeno se estende a novas praias formadas pelo escoamento do tempo à medida que ele se retrai rumo ao montante, onde as zonas mais "antigas" entram pouco a pouco no lote comum dos períodos em que o testemunho oral diretamente recolhido deixa de ser uma fonte importante, cessando mesmo de ser potencialmente captável pelo historiador.

Observar-se-á que essa escala móvel do tempo não se reduz apenas a uma mudança cronológica progressiva: os revezamentos de gerações de historiadores e, assim, as escalas diferentes de relação ao escoamento do tempo introduzem outro parâmetro de aferição da relação presente-passado. Em outros termos, a zona temporal que é da alçada da história dita do tempo presente não pode ser decretada: ela constitui uma espécie de pôlder, cambiante por essência e sobre o qual, ainda por cima, os historiadores-exploradores, de idade variável, mantêm uma relação diferente com a paisagem circundante, ela própria em constante remodelagem.

Por enquanto, já o dissemos, essa remodelagem se traduz pela entrada progressiva dos anos 1960 nesse pôlder, ao passo que a história da Segunda Guerra Mundial, por muito tempo a base da história do tempo presente, vai aos poucos integrando a zona científica, por certo legítima, mas de outra natureza no plano epistemológico, da história do tempo não presente – embora, é claro, muitas de suas cicatrizes continuem visíveis e muitas de suas chagas memoriais ainda supurem. Mas esses anos 1960 não se encontram no *front* pioneiro da história do tempo presente apenas pelos efeitos puramente mecânicos dessa "polderização" em curso. Já o sublinhamos, eles existem também, acima de tudo, por si mesmos, como linha de partilha das águas no seio do século XX francês. Por isso, seu estatuto de década historiograficamente emergente não significa apenas uma década suplementar ganha pela disciplina histórica ao escoamento do tempo. Essa emergência permite doravante estudar como historiador, e não apenas pelo viés de outras ciências sociais, um período-chave, e confirmar seu caráter historicamente determinante. Ainda mais que essa década possui, na verdade, uma dupla densidade histórica: se esses *sixties* são um período em que a base antropológica da França muda em ritmo acelerado, eles abrem também uma fase mais ampla, de cerca de vinte anos, em que essa mudança prossegue e produz seus efeitos em profundidade, a tal ponto que se pode falar de uma verdadeira metamorfose do país, em sua morfologia social mas também nas regras e normas que regem e balizam em seu seio os comportamentos individuais e coletivos. Há aí, entre os meados dos anos 1960 e os dos anos 1980, Vinte [anos] Decisivos de nossa história nacional, nascidos no coração dos Trinta Gloriosos, mas que sobrevivem à sua desaparição. E chegou a hora de estudá-los.[7]

A segunda bacia cronológica do século XX francês está, portanto, até agora, desenhada ao mesmo tempo por essa linha de partilha das águas que são os anos 1960 e ocupada por essa espécie de planície aluvial de vinte anos formada pelo escoamento do tempo e destinada a ser progressivamente "polderizada" pelo historiador. Isso permitirá o estudo, pela disciplina histórica, de uma fase decisiva de nossa história nacional, e as implicações historiográficas da instalação do historiador nessa bacia cronológica são consideráveis – pois elas não dizem respeito apenas aos efeitos, ao que parece controláveis, de eco possível entre o passado próximo tornado objeto de história e o presente em que o historiador está banhado, nem somente aos jogos e rejogos de memória que este também deve controlar. Essa passagem da história do tempo presente ao estudo das últimas décadas do século XX coloca igualmente outra questão epistemológica estimulante, mas um tanto difícil de responder. Essa questão é a do recurso, ou não, para o estudo desse período, a procedimentos da antropologia histórica.

De fato, no que diz respeito à história cultural, tanto como domínio próprio quanto como abordagem e olhar de outros fenômenos históricos, a definição mais comumente difundida remete à noção de representações. Mas esta nunca foi totalmente

---

[7] Jean-François Sirinelli, "Les Vingt Décisives. Cultures politiques et temporalités dans la France fin-de-siècle" [Os Vinte Decisivos. Culturas políticas e temporalidades na França *fin-de-siècle*], *Vingtième siècle. Revue d'histoire*, n. 44, out./dez. 1994. Esse artigo, publicado há cerca de dez anos, queria-se, de certa forma, programático. Tive a oportunidade de voltar a essa questão em vários textos e, sobretudo, em dois livros: *La France d'un siècle à l'autre. Dictionnaire critique* [A França de um século ao outro. Dicionário crítico], publicado com Jean-Pierre Roux em 1999, e *Les baby-boomers* em 2003. Foi para explorar mais precisamente os processos de transformação ativos durante esses vinte anos que escrevi a seguir um livro especificamente consagrado a esses Vinte Decisivos. Sobre essa questão, remeto também ao segundo texto do presente livro.

estabilizada.[8] Por certo, ela sugere uma atenção particular ao sujeito – singular ou coletivo – pensante, mas incita também, já o dissemos, a prestar atenção em estruturas mais ocultas. Na primeira acepção, uma abordagem culturalista em história próxima é, por certo, cientificamente difícil, mas permanece não apenas desejável como também, além do mais, intelectualmente necessária. Estudar a ágora, como já sublinhamos, é, por exemplo, analisar os fenômenos de opinião: as percepções individuais ou coletivas constituem o tecido conjuntivo da vida política, através de partidos e grupos de pressão interpostos; elas alimentam também os processos de legitimidade e contribuem assim para a constituição – e, inversamente, para o definhamento – dos ecossistemas políticos. Mas esses fenômenos de opinião constituem ao mesmo tempo uma expressão e um jorro, e é aí que a dificuldade epistemológica intervém: enraizados no presente, que eles contribuem para tecer através dos acontecimentos de que são parte constitutiva e através das lutas e apostas que exprimem, eles são também o afloramento de sensibilidades mais complexas decorrentes de períodos bem anteriores ao acontecimento em volta do qual se cristalizam essas opiniões. Foram, aliás, os próprios especialistas em história da opinião os primeiros a refletir sobre essas interações: as representações coletivas mais ocultas reaparecem, mais ou menos alteradas, através das opiniões expressas, amalgamando-se com as culturas políticas do momento ou, pelo contrário, soterrando-as. Pois, de qualquer forma, como já destacamos, os atores não são movidos apenas por análises racionais ou doutrinas estruturadas. Intervêm também percepções menos elaboradas que pesam igualmente sobre

---

[8] É a razão pela qual me pareceu desejável utilizar numa dupla acepção o verbo *representar* na definição do objeto da história cultural que propus em 1992 na introdução do tomo 2 (*Culturas*) da *Histoire des droites en France* [História das direitas na França], p. II (Paris, GALLIMARD). Definir a história cultural como uma dupla história do sentido (circulação e significação) permite talvez precisar melhor o domínio de investigação dessa história. Permito-me, neste ponto, remeter a meu texto do número 1 do *Bulletin de l'Association pour le Développement de l'Histoire Culturelle* [Boletim da Associação para o Desenvolvimento da História Cultural], de 2001, retomado em Évelyne Cohen, Pascale Goetschel, Laurent Martin e Pascal Ory (Orgs.), *Dix ans d'histoire culturelle* [Dez anos de história cultural]. Paris: Presses de l'ENSIB, 2011.

as maneiras de perceber e de agir, e influem, assim, no ser-junto: não somente a ágora, portanto, mas também a Cidade, entendida como a coexistência social.

Isso posto, para a escavação dessas estruturas ocultas, assim como para a análise, em determinada data, da base antropológica de um grupo humano e para o estudo dos processos de capilaridade entre as duas, que só ele permite dar conta do estado da Cidade assim definida, a história das últimas décadas do século XX francês ainda não pode desenvolver uma real prática científica, ou seja, que obedeça às regras de administração da prova. Se estudar a ágora, ao longo dessas décadas, parece epistemologicamente possível – e uma parte da história do tempo presente se desenvolveu, aliás, ao redor da história política, já que o aumento de potência historiográfica se operou conjuntamente –, é preciso constatar que o mesmo não se dá com a história próxima da Cidade. De fato, por enquanto, não se pode aplicar ao último terço do século XX um procedimento de antropologia histórica, o que distingue essa história daquela do período anterior. A linha de partilha das águas desenha também, portanto, duas bacias historiográficas bem distintas.

Por que uma tal impossibilidade, pelo menos por enquanto? A resposta é ao mesmo tempo historiográfica e epistemológica. De fato, se consideramos que uma das tarefas da antropologia histórica é a de desnudar as estruturas mais ocultas e analisar como elas pesam sobre as representações e os comportamentos coletivos de um grupo humano, é preciso constatar que tal procedimento é recente em "história contemporânea" e que, além do mais, sua implementação ainda não pôde atingir a ponta cronológica dessa "história contemporânea". Recordemos que a terminologia universitária francesa assim etiqueta a história dos séculos XIX e XX, período que se abre com a derrocada do Antigo Regime, e que, no seio dessa "história contemporânea", todo e qualquer procedimento de antropologia histórica foi por muito tempo senão uma *terra incognita*, ao menos um território periférico. Inegavelmente, foram sobretudo a história medieval e a história moderna os primeiros objetos privilegiados desse tipo de história, e seus especialistas os pioneiros na matéria. Mas não é apenas o pertencimento a esse pré-1789 dos primeiros pioneiros dessa antropologia histórica que a confinou assim a montante da "história contemporânea". Existia também uma impossibilidade quase ontológica, para esta, de se aventurar em semelhantes terras: a pesquisa de estruturas mais ocultas e a análise da base que elas constituem pertencem, por certo, ao campo da antropologia histórica, mas este só pode englobar sociedades afastadas da nossa. O pacto antropológico, com efeito, está fundado no afastamento, e o protocolo científico que decorre daí é claro: esse afastamento pode ser engendrado por dois fatores. Por um lado, a geografia: são, nesse caso, os quilômetros que criam a estranheza – no sentido de uma sociedade que nos é, por isso, intrinsecamente estranha –, ela também no coração do pacto antropológico. Por outro lado, a cronologia: são os séculos que constituem a distância e justificam, no cruzamento dessa distância e da estranheza que dela decorre, um procedimento de antropologia histórica. Esta incide, portanto, para parafrasear o título de um livro de Peter Laslett a respeito da Inglaterra pré-industrial, sobre "um mundo que perdemos". Assim, os séculos XIX e XX, em razão de uma maior proximidade cronológica e de estarem posicionados após o ponto de virada essencial que é 1789, pareciam excluídos da área de aplicação da antropologia histórica.

Porém, progressivamente, os trabalhos de Maurice Agulhon, de Alain Corbin ou de outros historiadores especialistas no século XIX permitiram fazer entrar esse século de pleno direito nessa área. O autor das *Mariannes,* especialmente, formulou explicitamente sua convicção de que a história das representações não estava unicamente destinada a iluminar sociedades da era pré-revolucionária. Essa convicção, brilhantemente posta em prática em sua obra e na de alguns outros, permitiu, por uma reação em cadeia, uma espécie de *exeat* historiográfico: a autorização para a circulação de procedimentos mais ou menos derivados da antropologia histórica fora do período pré-1789 e seu encaminhamento a campos cronológicos mais próximos – no caso, o século XIX, entendido, numa acepção ampla, até 1914. O enriquecimento por esses especialistas no século XIX dessa casa comum que é a disciplina histórica não consistiu, portanto, apenas num aporte de conhecimentos, o que é, no fim das contas, o lote comum, mas também numa janela suplementar que lança sobre esses conhecimentos uma luz nova.

Olhando a partir do estudo do século XX, quais podiam ser os efeitos acarretados por uma nova janela assim aberta? Certamente, responder a semelhante questão não é nada fácil, pois os processos historiográficos são sempre de combustão lenta. Ao mesmo tempo, já é possível avançar dois elementos de resposta a uma interrogação que constituirá provavelmente uma das grandes apostas historiográficas dos anos por vir. Esses elementos estão imbricados um com o outro e associados à constatação da existência do divisor de águas histórico dos anos 1960. Fica bem claro, de fato, que a amplitude da metamorfose francesa ao longo desses Vinte Decisivos que foram os anos 1965-1985 já fez do país anterior a essa metamorfose "um mundo que perdemos", ao qual se pode, portanto, aplicar um procedimento de antropologia histórica. Em outros termos, esse divisor de águas é igualmente historiográfico: a mutação foi tal que o princípio de distância e de estranheza funciona bem, doravante, para o período que vai do início do século XX à orla dos anos 1960. É uma nova configuração histórica que aparece nessa data, enquanto um mundo some rapidamente – o qual logo parecerá, para as novas gerações, uma verdadeira Atlântida.

O divisor de águas dos anos 1960 desenha assim uma bacia historiográfica, a de um mundo que lhes foi anterior e a que se pode aplicar, a partir de agora, uma abordagem de antropologia histórica. É especialmente a França de entre-duas-guerras, cuja história política já foi há bastante tempo esquadrinhada por numerosos e preciosos estudos, que deve ser revisitada à nova luz de semelhante abordagem. Como, além do mais, essa França foi igualmente trabalhada, entre 1919 e 1939, por poderosos vetores culturais fundados sobre o som e a imagem animada e logo sonorizada, há aí, no cruzamento da história sociocultural e da história cultural do político, um campo de investigação promissor. E essa observação permanece válida para a França da Quarta República.

Em contrapartida, o historiador de 2005 vive numa França que é, em grande parte, o produto dos Vinte Decisivos. O princípio de distância e de estranheza não opera, portanto, no que diz respeito às décadas do outro lado do divisor de águas, o que, de resto, confere a este uma importância ainda maior. Em relação à nova iluminação da antropologia histórica, ele realmente desenha duas vertentes opostas, uma exposta a esta luz e a outra não, e o pôlder da história do tempo presente permanece, por enquanto, à sombra, privado dessas promissoras luzes. O que, contudo, não significa que toda a história das décadas próximas se faça com tonalidades cinzentas. Ou, dito de outro modo, as incertezas epistemológicas dessa história do tempo presente, e suas consequências metodológicas, não devem por isso retardar a construção do pôlder. Mesmo se, de fato, esta não pode ser feita com o conjunto das ferramentas utilizáveis para os períodos anteriores à grande mutação, ela permanece não apenas desejável, mas necessária.

CAPÍTULO II

Ecossistema e jogos de temporalidades: os *Vinte Decisivos* (1965-1985)

A Quinta República conheceu um enraizamento muito rápido na França próspera do coração dos Trinta Gloriosos. Ora, em cinquenta anos, essa França mudou profundamente. Globalmente, em termos macro-históricos, ela conheceu três mutações consideráveis, e imbricadas: a passagem para uma sociedade pós-industrial, a entrada na globalização e a imersão na cultura-mundo. Bem mais, desde a primeira vertente desses cinquenta anos de história, intervém uma primeira metamorfose essencial que, por certo, prepara essas mutações ainda mais decisivas, mas constitui já em si mesma uma alteração radical da base inicial. Há, iniciando no coração dos Trinta Gloriosos, mas sobrevivendo à sua desaparição, um período de vinte anos (1965-1985) que mudou a França. Se semelhante constatação aparentemente nos afasta da história política, é, na verdade, para nos reconduzir a seu coração, desde que consideremos que esta, quando analisa um regime, deve necessariamente se colocar, entre outras, a seguinte questão: como esse regime se enraíza num húmus sociocultural e em que medida se constitui um ecossistema, que podemos definir como um equilíbrio, sempre frágil, entre um regime político e esse húmus – uma sociedade, em sua morfologia, mas também em suas normas e valores – que o alimenta? A resposta a semelhante questão é certamente essencial, mas forçosamente complexa, pois nem todos os elementos do ecossistema evoluem no mesmo ritmo, o que situa *de facto* a análise no cruzamento de várias temporalidades: em primeiro lugar, escoamento global do tempo, o meio século de existência do regime estudado, mas também os ritmos próprios de cada uma das peças do ecossistema. Se há um metabolismo global desse regime, este é, sob muitos aspectos, a resultante de cada um desses ritmos, e compreender a Quinta República é, portanto, ao mesmo tempo analisar esse metabolismo – esse regime que se adapta e essas linhas que se mexem – e estudar a articulação das diferentes peças que evoluem em seu ritmo próprio e que podem se resumir em dois outros temas bem marcados: a França muda e os atores evoluem. Ora, acontece que desde o período 1965-1985 a França mudou consideravelmente e os atores evoluíram um bocado. Globalmente, de fato, durante esses vinte anos, observa-se uma dupla de forças históricas em ação, cujos efeitos são tanto mais difíceis de analisar na medida em que são aparentemente contraditórios. Por um lado, produz-se durante esse período uma inversão da conjuntura socioeconômica: a grande desaceleração do crescimento sobrevinda a partir de meados da década de 1970 anuncia o final dos Trinta Gloriosos que, desde a Liberação, tinham engendrado a grande mutação francesa. Mas, por outro lado, apesar da inversão brutal e profunda de conjuntura, a mutação prossegue e, como já dissemos, seus efeitos até se intensificam. Convém portanto voltarmos rapidamente a esses dois aspectos, tratando de discernir seus efeitos políticos.

As recaídas políticas da morte dos Trinta Gloriosos

A segunda parte dos anos 1970 marca claramente uma cesura fundamental: a França se torna então órfã de seu crescimento das três décadas precedentes, e a crise econômica só pode contribuir para o desgaste da equipe dirigente no poder. Mas, bem mais amplamente ainda, é o ecossistema da Quinta República que se veria progressivamente perturbado pela mudança de configuração econômica. Esses anos 1970 são portanto um momento essencial da história da Quinta República. Essencial, de fato, pois paradoxal. De um lado, esse regime chegou então, nem bem quinze anos após seu surgimento, a uma espécie de ponto de equilíbrio: suas instituições, uma a uma, resistiram ao duro teste que foi para elas a crise de Maio de 68, depois deram provas de serem capazes de sobreviver a seu fundador, que tanto se identificara com elas, mostrando-se ainda aptas, paralelamente, a estruturar a vida política ao redor do "quatrilho bipolar" (MAURICE DUVERGER), quase quimicamente puro ao longo dessa década. Mas, por outro lado, a inversão econômica que surge durante esse mesmo período logo terá tamanhos efeitos de desestruturação que esse ponto de equilíbrio dos anos 1970 não será, na verdade, na escala da história, mais do que um breve momento de equilíbrio. A crise multiforme que se desenvolve então rapidamente introduz germes de desequilíbrio no seio dessa República estabilizada havia pouco.

Como demonstrou Jacques Marseille, há um debate entre os historiadores da economia sobre a amplitude da inversão de conjuntura, assim como sobre sua cronologia precisa. Todos concordam, no entanto, quanto à intensidade e o caráter duradouro do processo então iniciado. A súbita alta do desemprego em 1974 e o fato de ele ter dobrado em dois anos, a drástica diminuição de um crescimento que até então superava a taxa de 5% ao ano, a inflação que começa a galopar na mesma época: a concomitância com o choque petroleiro do ano anterior certamente não é uma coincidência, mesmo se as causas do desequilíbrio são provavelmente mais complexas. Há, em alguns meses, uma espécie de alternância econômica: a "estagflação" sucede à expansão. Os governos sucessivos da Quinta República se verão, portanto, dali em diante, frente a uma situação histórica inédita: se seus predecessores geriam uma situação econômica florescente, eles, por sua vez, deverão enfrentar essa situação de "estagflação" e de desemprego. A tarefa será ainda mais difícil dado que essa mudança de conjuntura econômica não será imediatamente perceptível para uma opinião pública e uma classe política acostumadas havia muito tempo com o crescimento e o desemprego zero. A partir daí, por essa razão, os governantes deverão não apenas enfrentar dificuldades econômicas crescentes, mas também uma opinião desorientada, flutuante, e com tendência a atribuir às equipes políticas no poder a responsabilidade pelas dificuldades. Essa impopularidade, muito mais do que antes, se tornará um elemento estrutural da vida política da Quinta República.

Por certo, num primeiro momento, ao final do septenato de Valéry Giscard d'Estaing, a esquerda aparecerá como uma solução alternativa. Mas, aí também, intervém no período dos Vinte Decisivos uma mudança decisiva. O fracasso econômico, patente desde 1982, acarreta uma mutação considerável. Essa esquerda no poder passa então do estatuto de encarnação de uma espécie de além político – "mudar a vida" – ao de gestor do real. Essa esquerda, a partir de então, se pretenderá ela também contabilista do presente, ao passo que representara antes, desde 1958, uma força de contraproposição sustentada por sua posição de oponente. Olhando bem, a virada de 1982-1983 é ainda mais profunda: o anúncio do "rigor" significa a aceitação do mundo econômico como ele é, ou seja, da economia de mercado. Certamente, essa aceitação sobreveio na França com um efeito diferido de várias décadas em relação à social-democracia alemã e, além disso, nunca se fez de maneira totalmente explícita, mas, mesmo assim complexa e ambígua, aparece claramente, com o recuo, como um momento decisivo da história das culturas políticas sob a Quinta República: o ponto de clivagem direita-esquerda não se faria mais sobre essa questão que, no entanto, fora até então ideologicamente determinante. Bem mais, essa aceitação e a proclamação da necessidade do "rigor" têm outra consequência essencial: quando a virtude ao mesmo tempo social e voluntarista ostentada pela esquerda – o real pode ser modificado, basta querer – cede lugar ao princípio de realidade, uma inegável virada política e psicológica intervém. A crise está aí e nenhum partido no governo pode mais, na França, negar sua importância. Nove anos depois do primeiro choque petroleiro uma página está virada, e 1982-1983, de certa forma, marca claramente a segunda morte dos Trinta Gloriosos.

Essa virada é, sem dúvida, essencial para a história da Quinta República. Nenhuma equipe no poder poderá a partir de então fazer sonhar, e a vida política francesa, mais do que no passado, será um enfrentamento dos possíveis. Uma perda de magia do político, apanhado pelo princípio de realidade, ocorre realmente nessa data, e as equipes dirigentes sofrerão sucessivamente suas consequências. Ao passo que, até os anos 1970, a estabilidade econômica constituía um prêmio para a situação, esta será a partir de então fragilizada por sua presença no poder. Ao final dos Vinte Decisivos, 1986, 1988 e 1993 serão sucessivamente momentos de alternância política, afetando tanto a direita quanto a esquerda. E mesmo 1995 não escapa verdadeiramente à regra, já que Jacques Chirac será eleito nesta data como representante da oposição à situação encarnada então por Édouard Balladur. E, em 1997, a dissolução falhada cria uma nova alternância, ela própria invertida em 2002. É patente o contraste desse período 1986-2002 (e mesmo 1981-2002, 1981 constituindo não apenas a primeira alternância mas também o protótipo dessas situações eleitorais em que a situação sofre de uma espécie de deficiência estrutural) com os vinte e cinco anos precedentes, durante os quais a estabilidade fora a norma. Em poucos anos, ao final desses Vinte Decisivos, a Quinta República passou dessa estabilidade – ao menos aparente – a um desequilíbrio explícito. E a crise que iniciara em meados dos anos 1970 certamente desempenhou um papel preponderante nesse processo de desequilíbrio. Essa crise, na verdade, não apenas desacelerou o crescimento econômico; ela logo se tornou multiforme, com efeitos colaterais globalmente ternários – sociais, identitários e políticos – e muito imbricados.

A grande metamorfose francesa

Não nos cabe estudar aqui essa reação em cadeia, cuja onda de choque foi certamente considerável.[9] Por um lado, o lugar

---

[9] Tentei analisar essa reação em cadeia em meu livro *Les Vingt Décisives, 1965-1985. Le passé proche de notre avenir* [Os Vinte Decisivos, 1965-1985. O passado próximo de nosso porvir]. Paris: Fayard; reedição Pluriel, 2012.

reservado a essa contribuição não o permitiria, de tanto que os aspectos dessa reação foram ao mesmo tempo ramificados e maciços. Concebidas num país próspero, cuja linha de horizonte era o progresso, as instituições da Quinta República têm que reger, um terço de século mais tarde, a vida de uma comunidade nacional cujas referências e expectativas foram entrementes profundamente transformadas. Mas, por outro lado, ao focalizar a análise sobre essa onda de choque, deturparíamos a análise desse período 1965-1985, cuja importância histórica não se deve apenas ao fato de ter sido o momento da propagação dessa onda. Durante esse mesmo período, apesar da amplitude do desequilíbrio, a mutação sociocultural, que se alimentara do crescimento e da prosperidade dos Trinta Gloriosos, prossegue.

Aí se encontra, de resto, um dos paradoxos da Quinta República: esse regime, como aliás a maior parte das outras democracias liberais atingidas pela chegada da crise, consegue amenizar, através dos mecanismos do Estado-providência e, especialmente, dos processos de transferências sociais e de redistribuição, os efeitos mais pesados, sem no entanto ser politicamente creditado por essas tentativas de contenção feitas tanto pela direita quanto pela esquerda, antes e depois de 1981. Começam, pelo contrário, na segunda metade dos anos 1970, uma crise de confiança e, a seguir, ao longo da década seguinte, uma verdadeira deflação – entendida no sentido de erosão – política, de que a crise socioeconômica e suas percepções pela opinião constituem uma das principais causas. E o paradoxo é ainda mais impressionante dado que as condições de vida da maioria vão, ao menos num primeiro momento, continuar a melhorar: a intensidade da desaceleração econômica após 1974 não acarreta uma degradação material da situação da maioria. Mas o euforizante que era o crescimento conquistador desapareceu e, sobretudo, o aumento do desemprego acarretou um agravamento do dilaceramento social que esconde os progressos realizados e que se torna a preocupação maior dos franceses, antes que venha, mas apenas num segundo momento, o tempo dos "novos pobres" e dos grandes afastamentos geracionais.

Bem mais, a evolução das normas e dos valores prossegue. Desde os anos 1960 se configurara assim uma "crise das regulações tradicionais" (MICHEL CROZIER): certo número de instituições de natureza muito diversa – a Igreja, os sindicatos, as associações e, em outro registro, a família – que desempenhavam, além de suas funções próprias, o papel de depositários ou de guardiães dessas normas e valores e que, por isso, interferiam diretamente nessas regulações, se veem abaladas e logo defasadas. De fato, nessa França enriquecida e urbanizada, que, ao longo das décadas do pós-guerras sucedera bruscamente – ao menos na escala da História – a uma França de economia contrastada e de embasamento rural, não é apenas a estratificação social que muda ou o modo de vida que é radicalmente alterado, são as normas que se encontram no coração da grande metamorfose. A frugalidade e a previdência, por exemplo, que tinham permanecido até então virtudes cardinais e valores federativos numa sociedade em que os percalços da existência – a morte brutal, a doença grave, o acidente que torna inválido – podiam provocar desastres familiares irremediáveis, vão progressivamente se defasando numa sociedade de pleno emprego e de solidariedade nacional pelo seguro-doença e pelas transferências sociais. O desaperto das restrições socioeconômicas tem consequências cada vez mais perceptíveis nos comportamentos coletivos: à frugalidade no consumo e à preocupação lancinante com a previdência vêm progressivamente substituir normas implícitas ou explícitas que rompem com o passado: assim, por exemplo, graças ao crédito, a satisfação imediata das necessidades e aspirações em vez de seu adiamento. De maneira mais geral, começam então a despontar ao mesmo tempo atitudes novas frente à autoridade – e, portanto, às instituições que a encarnam e garantem – e outros comportamentos frente às tradições e aos interditos.

Tal distorção crescente das normas e dos valores foi, portanto, acarretada quase mecanicamente por uma defasagem cada dia mais forte entre essas normas e esses valores, herdados da França de antes – no sentido em que Stefan Zweig falava do "mundo de ontem", evocando a Europa de antes do grande abalo de 1914-1918 –, e a sociedade nascida dos "Trinta Gloriosos". Dessa distorção decorreram verdadeiros bloqueios, que Maio de 68 ao mesmo tempo ampliou e tornou mais visíveis. A resolução de alguns desses bloqueios ao longo da década que se seguiu mostrou uma inegável capacidade da sociedade francesa de absorver a onda de choque, e a Quinta República, como dissemos, saiu dessa ainda mais reforçada: ela parecia ter assim confirmado sua aptidão a gerir a grande metamorfose francesa. Ao mesmo tempo, e paradoxalmente, esse inegável êxito situava indiretamente no código genético desse jovem regime, que parecia, até então, ter sucesso em tudo, uma espécie de fraqueza estrutural, que se manifestaria várias décadas depois.

No tempo do crescimento forte e durável, com efeito, foi o desaperto das restrições econômicas que favoreceu e acelerou o dos controles sociais: na França enriquecida dos anos 1960 e de uma parte da década seguinte, em que a segurança das situações e dos estatutos parecia solidamente estabelecida para a maioria, as normas e os valores do período precedente, surgidos de uma civilização de relativa penúria econômica e de insegurança social, pareceram perder progressivamente sua razão de ser. Mas a relação de causalidade aparente entre esse crescimento econômico conquistador e semelhante mutação sociocultural acarretava uma questão decisiva, que se tornou pouco a pouco atual à medida que os "Trinta Gloriosos" se afastavam e se tornavam apenas uma espécie de imagem retiniana na lembrança das gerações que foram concernidas por eles: quais poderiam ser os pontos de ancoragem – e de estabilidade histórica – desses novos comportamentos e desses novos valores numa França instalada, a partir dos anos 1980, numa crise que se tornara duradoura naquele momento e, por isso, afetada profundamente em seu tecido social? Pontos de ancoragem, valores, estabilidade, crise, tecido social afetado: são os ingredientes de todo um ecossistema sociopolítico que se veem assim atingidos. E é por isso que a metáfora da síndrome encontra aqui sua justificativa.

Jogos de escalas

Bem mais: essa França dos anos 1980 vê também seu ambiente circundante se modificar em alta velocidade. Os primeiros anos da Quinta República tinham decorrido sob o signo da guerra da Argélia, ou, mais precisamente, das etapas dramáticas de seu desenlace. Com esse desenlace, é uma fase da história nacional que encontra seu término: o adeus definitivo ao Império e a retração do país, depois de mais de um século de dilatação colonial, às dimensões do Hexágono constituem um fenômeno fundamental, consistindo numa verdadeira mudança de escala. A continuação da existência da jovem Quinta República decorrerá a partir de então numa moldura geográfica reduzida. Essa constatação não é contraditória com o fato de que, na mesma data, por um lado, a França participa do processo de construção europeia iniciado alguns anos antes e de que, por outro lado, a comunidade nacional começa a se abrir, muito mais do que no passado, aos ventos vindos de alhures. De fato, desde os anos 1960, a cultura audiovisual de massa ao mesmo tempo rejuvenesce e se mundializa, torna-se cada vez mais carregada de sons e imagens para os quais as fronteiras nacionais praticamente não têm significado. Em outros termos, mais do que uma simples retração geográfica, assistiu-se, durante essa primeira fase da Quinta República, a uma inserção do Estado-Nação que a abrigava em jogos de escalas singularmente mais complexos do que antes: o recentramento centrípeta do início dos anos 1960 é concomitante com o desenvolvimento rápido de novas forças centrífugas, de outra natureza que aquelas ligadas anteriormente à expansão colonial. A Quinta República é, portanto, um regime político que se instala e se enraíza num momento em que esses processos complexos e de geometria variável desenham novos perímetros para a vida da Cidade.

Vinte anos depois, em meados dos anos 1980, esses jogos de escalas adquiriram uma amplitude ainda maior, devido aos primeiros efeitos de um processo de globalização não apenas econômica mas também sociocultural, com o prosseguimento da construção de uma cultura-mundo: em cerca de vinte anos, o planeta é pouco a pouco transformado num vasto adro onde, pela imagem transmitida e pelo som amplificado, o alhures é entregue em domicílio. Se semelhante processo não concerne aparentemente à Quinta República, estrutura institucional endógena, ele contribui, na verdade, para aumentar, nessa década em que a crise econômica se amplifica, o sentimento de perplexidade diante dessa crise. Essa caixa de ressonância mundial engendra angústias coletivas que alimentam por vezes o irracional e contribuem, de qualquer modo, para desestabilizar o político. A Quinta República, a partir desse momento, terá que gerir uma sociedade cada vez mais inquieta e submetida a paixões exógenas.

Essa cultura-mundo e seus efeitos nacionais confirmam que as câmeras de televisão realmente adquirem, ao longo dessas primeiras décadas da Quinta República, um poder e uma capacidade de *fazer*, em sentido próprio, o acontecimento. Mas será que elas realmente criam assim laço social e constituem uma espécie de ágora, em que o debate da Cidade ganharia em clareza e a democracia – e, portanto, a Quinta República – em coesão? A densa malha das imagens e dos sons traz um real suplemento de sentido? Ou, pelo contrário, o banho antropológico que a cultura de massa se tornou então tem efeitos perversos sobre o princípio da representação política? Ela teria até mesmo causado o início de uma espécie de mutação das democracias liberais? Estas não estariam se tornando "democracias de opinião" ou "democracias do público" (Bernard Manin) – termos forjados pelas ciências sociais, e especialmente pela ciência política – confrontadas a essas transformações em tempo real? Se, por falta de recuo, a disciplina histórica dificilmente pode propor uma análise global de um processo complexo e multiforme, o desenvolvimento atual de uma história cultural do político e as aquisições da história do tempo presente permitem, no entanto, estabelecer uma constatação empírica: o exame racional dos possíveis e sua concorrência, que estão no coração da identidade e do funcionamento das democracias liberais, correm o risco de ser parasitados pelas palpitações sucessivas de opiniões públicas mergulhadas nesse banho antropológico televisionado e bagunçadas por suas flutuações.

O resultado disso é, quase mecanicamente, uma sociedade mais nervosa e um funcionamento menos sereno da representação política. A expressão dos dissensos e a gestão dessa concorrência dos possíveis se fizeram por muito tempo em outras ágoras que não o palco midiático: o pátio da escola, a tribuna parlamentar e, em outro registro, a mídia impressa eram os lugares tradicionais de difusão e recepção políticas. Eles permitiam convencer e esclarecer, reunindo assim as duas condições necessárias para obter não apenas uma adesão mas também um apoio duradouro. Tanto é verdade que o poder "se renuncia a se impor pela força, passa pelos circuitos da linguagem" (JEAN STAROBINSKI). Ora, as grandes emoções coletivas, engendradas pela proliferação midiática, curto--circuitam a partir de então as formas clássicas da "linguagem" política. É preciso ser rápido para acertar no alvo e essa supremacia do lapidar favorece o *pathos*, que privilegia a emoção, em detrimento do *logos*, análise e expressão racionais dos problemas coletivos que se colocam a um grupo humano e fundamento da democracia. Os processos de representação política estão aí para permitir ao cidadão, a que são propostas várias interpretações e soluções subsequentes desses problemas, escolher entre essas diversas concepções. A regra e o consentimento, o conflito e sua resolução, tudo, de fato, passou por muito tempo por esse choque organizado dos *logoi*, essa oposição explícita entre discursos construídos. O enfraquecimento progressivo destes contribuiu, portanto, para fazer aparecer esse caso paradigmático até então inédito nas sucessivas Repúblicas: não o cidadão se erigindo contra os poderes, mas a sociedade parcialmente atomizada se situando em exterioridade em relação a eles e aos discursos que os fundam, os legitimam e os identificam.

Gerações e refundação republicana

A proliferação da cultura de massa e o aparecimento de uma "democracia do público", por determinantes que sejam, não são as únicas modificações estruturais acarretadas pela grande mutação francesa que se amplificou ao longo dos Vinte Decisivos. Mais banal, mas não menos profundamente, foi o substrato demográfico do país que se viu modificado pela renovação das gerações. E essas substituições geracionais necessariamente tiveram um efeito político. Durante os primeiros vinte e cinco anos de existência da República, dois estratos de franceses foram essencialmente concernidos pela participação eleitoral que caracterizou essa época: o estrato daqueles em idade de votar durante a primeira década dessa existência, especialmente nas etapas essenciais que foram 1958, 1962 e 1965, e o estrato dos *baby-boomers*, que chegou ao voto entre 1967 e 1974. O primeiro conservou decerto, para além da existência da clivagem direita-esquerda, um apego ao regime, em razão, principalmente, da instabilidade que precedeu 1958. E se o segundo contestou em 1968, foi menos o regime do que a sociedade que foi objeto dessa contestação. As taxas de participação da eleição presidencial de 1974, comparáveis às de 1965, mostram bem, de resto, que esse segundo estrato também aderiu ao jogo das instituições. Por isso, até os anos 1980 o corpo eleitoral só foi constituído de estratos geracionais que tinham conhecido diretamente, mesmo que na adolescência, esse regime em sua fase de instalação ou de florescimento, e que retiveram dele, ainda que de maneira subliminar, seu caráter então estabilizador e modernizador. A partir desses anos 1980, em contrapartida, no momento mesmo em que a Quinta República começava a ser confrontada a uma crise multiforme, especialmente no domínio da representação política, as novas gerações que, sucessivamente, começaram a se integrar ao corpo eleitoral, o fizeram num contexto de extenuação política, no seio de um ecossistema desestabilizado.

Bem mais, essas substituições operavam num momento em que a Quinta República atingia o marco dos trinta e depois dos quarenta anos. Ora, o único regime desde 1879 para o qual se colocou assim a questão das substituições de gerações e da passagem do marco dos quarenta anos foi aquele da Terceira República. Para esta, a terceira geração de cidadãos foi aquela das trincheiras, e a liga com o regime se operou sob o fogo da guerra. Essa geração saiu dali dizimada, mas solidamente apegada a um sistema político pelo qual derramara seu sangue: por essa razão, a República, mesmo diminuída pela crise dos anos 1930, permaneceu um bem comum e um valor-cimento, que só a derrota de 1940 abateu. Certamente, não se trata de afirmar aqui que só o tributo do sangue permite a passagem de um regime a uma terceira e depois a uma quarta geração de cidadãos, as primeiras não diretamente ligadas ao período fundacional, mas de observar que, afora esse exemplo da Terceira República, semelhante passagem é historicamente inédita. A partir dos anos 1980-1990, a Quinta República teve, portanto, que inventar sua segunda era sem contar com um precedente histórico comparável.

E semelhante desafio, que continua, se faz ainda mais difícil de gerir pelo fato de que, repitamo-lo, nesse ínterim, a França mudou profundamente. O país, trinta anos antes, validara uma espécie de pacto, subscrevendo maciçamente, enquanto dispositivo institucional, o modelo de 1958 modificado em 1962. Esse novo dispositivo e essa nova retomada republicana foram beneficiados, é verdade, por uma conjuntura objetivamente favorável. A prosperidade tendo começado, a partir da segunda década dos "Trinta Gloriosos", a atingir a maioria, os franceses colheram, em sua vida cotidiana, os frutos da modernização. E como, nessa época, o regime político mudara, foi ele que recebeu os créditos pela melhoria. De certa forma, e por essa mesma razão, a Quinta República apareceu aos olhos da maioria como a estrutura política de acompanhamento da modernização do país e de sua metamorfose. E como essa metamorfose estava colocada nessa época sob o signo dos 4 P – paz, prosperidade, pleno-emprego e progresso –, a Quinta República apareceu então como o quadro de uma deliberação política apaziguada, ela própria sustentada por uma sociedade aparentemente em paz consigo mesma. A palavra ecossistema dá conta, portanto, bastante bem desse momento de refundação e equilíbrio institucionais.

Bem mais, para além do debate sobre as modalidades da mudança de regime em 1958, a modificação da regra que regia a ágora se fez por consentimento, dando à Quinta República ao mesmo tempo o fundamento da legalidade e a unção da legitimidade. Da mesma forma que, ao final do século XIX, a República fora não apenas um regime político vitorioso mas também, já, uma espécie de ecossistema, assim também a Quinta República aparecia como a transcrição política de um equilíbrio entre instituições, uma sociedade em mutação e uma visão de mundo partilhada: engrenagens institucionais aceitas, uma base sociológica fortalecida pelo crescimento e pela prosperidade, valores comuns, tal era, em suas primeiras décadas de existência, a Quinta República. Mesmo os debates ideológicos, muito duros na época, encontraram uma saída eleitoral através da bipolarização direita – esquerda, em vias de coagulação naquela época. Ainda mais que, no mesmo momento, o PCF está engajado num processo de reintegração completa no jogo político. Por isso, os ataques provenientes da extrema esquerda contra a democracia "burguesa" e as liberdades "formais", muito sedutores já que desconectados da natureza do regime e da situação real da sociedade francesa, quase não fermentaram fora de alguns estreitos círculos.

A partir dos anos 1980, no entanto, o ecossistema mostrou sintomas de desequilíbrio. Diferentemente da Terceira República, que, por volta de 1900, vinte e cinco anos após sua instalação oficial, parecia ter se tornado uma estrutura política perene, a Quinta República, começava, pelo contrário, a apresentar fissuras. Não apenas a crise socioeconômica rachara sua base sociológica como também, além do mais, como já vimos, os valores partilhados tinham sofrido uma forte erosão. Algumas das ideologias que impregnavam o ar do tempo tendiam a partir de então a considerar que qualquer autoridade é perniciosa e qualquer regra repressiva, ao passo que, mais amplamente, uma efervescência multiforme estimulava a reivindicação do direito à diferença. Semelhante deslizamento era certamente essencial na medida em que a sociedade francesa saída do molde da Terceira República conservara seu cimento graças à aspiração da assimilação pela semelhança.

Conclusões

Um ecossistema sociopolítico, espécie de liga entre um dispositivo institucional e um embasamento sociocultural, é um organismo vivo: entendamos assim que ele aparece em circunstâncias precisas, se desenvolve em condições determinadas, mas também se transforma e se altera quando essas circunstâncias mudam e essas condições evoluem. Como o historiador não é adivinho, sua competência não inclui a predição. Esta seria, de resto, um bocado difícil, dado que os constituintes de um ecossistema – instituições, sociedade, valores partilhados – não se modificam no mesmo ritmo e se encontram às vezes defasados uns em relação aos outros. A história dos sistemas políticos é feita desses reajustes políticos, bem-sucedidos ou abortados, entre engrenagens institucionais e a base sociocultural sobre a qual agem. A regra e o consentimento, que fundam a legalidade e a legitimidade de um regime, são assim o fruto de tais reajustes, mais ou menos necessários de acordo com os lugares e os momentos.

Assim como um ecossistema deve ser analisado através dos jogos geográficos de escalas em que se insere e que influem sobre seu metabolismo histórico, é preciso, portanto, para dar conta de semelhante metabolismo, analisar igualmente os jogos de temporalidades que interferem também no equilíbrio desse ecossistema. Este deve ser estudado no curto prazo do jogo político que desenha sua trama, mas também no prazo médio da história dessas defasagens e desses reajustes.

CAPÍTULO III

Os deslizamentos progressivos do olhar: por uma história dos estereótipos

As fronteiras nacionais delimitam espaços políticos, mas desenham também, indiretamente, estereótipos concernentes à imagem do Outro, do estrangeiro e/ou do diferente. A definição mais corrente dos estereótipos é aquela de opiniões prontas e amplamente difundidas. Longe de serem puras ideias suspensas acima dos grupos humanos, elas só existem, portanto, encarnadas no seio desses grupos. Os lugares comuns e as imagens convencionais que decorrem deles adquirem aí um metabolismo próprio. Este compreende um aparecimento, um desenvolvimento, um eventual enraizamento, mas também alterações e metamorfoses. Os estereótipos, no fim das contas, existem tanto por sua capacidade de impregnar uma sociedade quanto por sua aptidão a se perpetuarem por transmissão vertical, de uma geração a outra. Mas será que, sendo assim, as novas gerações recebem tais quais as representações coletivas das gerações precedentes? Como em qualquer processo de aculturação, o mecanismo de transmissão acarreta um fenômeno de alteração. A diversidade das situações varia, na verdade, com as gerações concernidas e as configurações históricas consideradas. Sem esquecer, é claro, o contexto cultural da sociedade estudada: a educação, com a marca assim deixada pelo meio familiar, o ensino, principalmente com a influência dos manuais escolares, mas também os vetores culturais de massa.

Os *baby-boomers*: visões de mundo geneticamente modificadas?

Em relação a semelhantes parâmetros, a geração do *baby-boom* ocupa certamente uma posição singular, ao menos por duas razões. Uma diz respeito à modificação da configuração histórica, a outra deriva da mudança de linha do horizonte. A geração do *baby-boom* é, ao menos no caso francês, uma geração sem guerra. Ora, como veremos, a guerra é sempre uma poderosa fábrica de estereótipos. Quanto à mudança de linha do horizonte, trata-se, é claro, da crescente globalização cultural. Os *baby-boomers* são os primeiros a chegar à idade do despertar ao mundo em semelhante contexto de globalização: eles emergem, de fato, à vida social numa época em que os estereótipos forjados em escala nacional começam a ser fagocitados por elementos pertencentes a escalas mais amplas do que o quadro nacional. Se acrescentamos a isso o fato de que a geração do *baby-boom* é a primeira a emergir com tudo num universo já concernido pela construção europeia, ao passo que as gerações precedentes tinham despertado para a vida da Cidade em contextos singularmente diferentes, em que o continente europeu era, pelo contrário, percorrido por forças centrífugas, e mesmo antagonistas, podemos estimar a que ponto a gestação e a transmissão de representações do estrangeiro se operam numa configuração que acaba de ser rápida e profundamente alterada.

A paz, em primeiro lugar. O ano de 1962 marca, sob esse aspecto, uma virada histórica. Por certo, a marca da guerra está longe, nessa data, de se apagar: da "síndrome de Vichy" às disputas de memória sobre a guerra da Argélia, ela conhecerá, pelo contrário, rejogos e efeitos de eco. Bem mais, a coexistência pacífica que se desenvolve após 1962 funda-se, nessa época, sobre o equilíbrio do terror.

A instalação da França numa situação de paz ressentida, sem precedente havia quase um século, não significa que a guerra tenha desaparecido do leque de ameaças virtuais que pesam sobre a comunidade nacional: o holocausto nuclear continua a fazer parte do campo dos possíveis, e os mísseis soviéticos aparecem como um perigo real. Convém, portanto, guardar em mente que a infância dos *baby-boomers* decorreu na época de uma Guerra Fria que ameaçava estourar a qualquer momento, e que sua adolescência se passou num mundo onde o poder de fogo do adversário potencial se media em megatons. A ficção científica e logo também as histórias em quadrinhos continuarão, para além da data de 1962, a veicular o tema do aniquilamento e do *"day after".*

Ao mesmo tempo, e sem que isso seja contraditório, a inflexão de 1962 é uma realidade. Mesmo esse perigo de guerra atômica, de resto, parece a partir desta data uma ameaça, senão controlada, ao menos refreada: do "telefone vermelho" aos acordos SALT, os anos 1960 e 1970 serão assim colocados sob o signo do apocalipse controlado. E a geração do *baby-boom,* cujo aparecimento fora concomitante com o das armas nucleares, vive por certo sua adolescência e sua entrada na idade adulta num mundo que continua a viver sob a ameaça dessas armas, mas se torna ao mesmo tempo a primeira geração do século a chegar à idade do aprendizado cívico e intelectual num universo mental em que a guerra não é mais do que uma ameaça virtual: essa guerra, de fato, não baliza mais a vida dessa geração como uma espécie de destino possível, à imagem das gerações precedentes. Os *baby-boomers*, pelo menos, não precisam mais se preparar para morrer pela pátria.

Geração do pós-guerra, ela é, portanto, ao mesmo tempo, geração da não-guerra. Por isso, os estereótipos que vão se desenvolver em seu seio utilizarão fontes diferentes das configurações belicosas do passado. O alemão, por essa razão, virá cada vez menos assombrar a consciência nacional à medida que as substituições geracionais se operarão. Os capacetes dos soldados alemães de três guerras sucessivas tinham alimentado o imaginário de uma sociedade francesa em que, além do mais, a predominância rural favorecia a permanência dos estereótipos: estes, ao longo das décadas, tinham se tornado como que açúcares lentos no seio do organismo França. Por certo, a figura do soldado alemão permanecerá por muito tempo como uma remanência retiniana no seio de uma sociedade francesa ainda profundamente marcada pela impressão dos anos negros. Mas, para as novas gerações, a Alemanha será percebida através da dupla França-Alemanha, fermento nessa época da construção europeia. Assim, entre esses jovens franceses se operarão deslizamentos progressivos do olhar e dos estereótipos. A Inglaterra, em particular, se encontrará mais diretamente no campo de visão, mas, ainda aí, com uma modificação do olhar: não é, ou não é mais, a Inglaterra de Churchill e do *"blood, sweat and tears"* que faz sonhar ou que comove, mas aquela do *"peace and love"*, da Carnaby Street, da minissaia e dos Beatles. Certamente, há aí uma visão derivada do estereótipo, e, por isso, uma constatação se impõe: os adolescentes do *baby-boom* não receberam estereótipos de herança, e sim engendraram outros, próprios à sua geração.

Essa aptidão geracional a forjar semelhantes estereótipos autônomos é historicamente muito rara, o caso mais frequente sendo o da recepção, tais quais ou ligeiramente modificados, dos estereótipos veiculados pela geração precedente. Os dos *baby-boomers* são, pelo contrário, verdadeiros VGM, visões do mundo geneticamente modificadas. De fato, eles não têm maior relação com aqueles de seus pais e, ainda menos, com os de seus avós. Essa ruptura da cadeia genealógica não é essencial apenas por seu caráter inédito, ela reforça, além do mais, a inversão das relações de forças culturais: não apenas, no seio da cultura de massa, a cultura juvenil se sobrepõe à cultura dos adultos, mas, ainda por cima, essa cultura juvenil veicula a partir de então seus próprios estereótipos, que vão, por sua vez, impregnar essa cultura de massa.

A ruptura, nesse domínio, da cadeia geracional foi, como dissemos, favorecida pela passagem a uma sociedade da não-guerra. Ela remete – no duplo sentido de produto e de reflexo –

igualmente a uma sociedade de jovens urbanos em plena mutação sociocultural. Desde a Liberação, em nem bem duas décadas, a França rural, até então pouco erodida – mesmo se as estatísticas a mostravam ligeiramente minoritária desde o censo de 1931 –, conhece um brusco refluxo, a tal ponto que o sociólogo Henri Mendras se interrogará em 1967, sob um título provocador, sobre um eventual "fim dos camponeses" sobrevindo ao longo daquela década. Tal refluxo é duplamente determinante para a gestação e a transmissão das representações coletivas, especialmente no que diz respeito a seus preconceitos e suas imagens convencionais. Por um lado, já sublinhamos, o metabolismo dos estereótipos é provavelmente mais lento no meio rural, onde, como açúcares de combustão retardada, eles se integram até nas histórias contadas ao pé do fogo e no folclore. As cidades, pelo contrário, aparecem como lugares de mescla social e de fusão cultural, onde os imaginários coletivos são mais compósitos e mais voláteis. Por outro lado, e além disso, não há grande coisa em comum, no registro sociocultural, entre um jovem campesino dos anos 1930 e um jovem citadino da geração seguinte, que desperta para a vida na França dos anos 1960. O primeiro era um puro produto da escola primária republicana, mas cujo percurso escolar, o mais das vezes, parava ali. Para o segundo, pelo contrário, o período de aprendizado escolar se dilatou bastante, tanto por causa do prolongamento da escolaridade quanto por causa de uma demanda social das famílias que se modificou e que segue na mesma direção. Tal dilatação do tempo da escola, do colégio e, eventualmente, do liceu,[10] modificou, de resto, o tempo social, formando essa praia de vida intermediária, povoada de adolescentes escolarizados mais longa e maciçamente, e conferindo assim ainda maior densidade sociológica, para além dos simples dados demográficos, à geração do *baby-boom*.

---

[10] *Grosso modo*, a escola na França equivale aos anos iniciais do ensino fundamental, o colégio aos anos finais e o liceu ao ensino médio. (N.T.)

Bem mais: no plano cultural, a mutação não consiste apenas numa formação mais longa do que no passado e numa mescla mais intensa, que teria feito os jovens concernidos passarem de um universo moldado pelos ensinamentos da escola primária, e cujos trabalhos e dias decorriam o mais das vezes na escala da comuna e do cantão, a um mundo de bem mais intensa circulação dos homens e das ideias. Essa circulação, na verdade, foi ainda mais facilitada e acelerada pelo enriquecimento sem precedentes da sociedade francesa dos Trinta Gloriosos. Certamente, os jovens não são a única faixa etária afetada por semelhante fenômeno, que é, por essência, transgeracional, mas eles são os únicos a penetrar nele com tudo, sem outra experiência anterior, num momento da vida em que se exercem as influências decisivas e duradouras. É assim, por exemplo, que eles constituem a primeira geração francesa a praticar de maneira estatisticamente significativa a "estadia linguística" no exterior. Dez anos antes, em meados dos anos 1950, dois terços dos franceses não saíam de férias e, entre aqueles que saíam, a distância média percorrida não passava dos 350 quilômetros. A partir dessa época, viaja-se mais e mais longe, e os jovens das classes médias, se não chegam ainda, em sua maioria, a atravessar o Atlântico, começam a passar o verão além do Canal da Mancha. Assim se formam estereótipos não herdados, já que fortemente geracionais: no cruzamento dessas viagens para a Inglaterra, dos eventuais encontros que estas propiciam e das fantasias da adolescência, os *baby-boomers* secretam, de fato, suas próprias representações coletivas do estrangeiro. Ou, antes, no presente caso, da estrangeira: entre esses estereótipos reina o da "inglesinha", supostamente bem de vida e de convívio agradável. E mesmo se ainda são poucos nessa época os beneficiários de estadias linguísticas, seus clichês se tornam, por um efeito de aura, imagens difundidas. Estamos longe, aqui, do incidente de Fachoda e dos ardis, sempre suspeitos, da pérfida Albion,[11] cuja sombra se mantivera ao longo do primeiro século

---

[11] O incidente de Fachoda opôs os impérios coloniais francês e britânico, em 1898, na região onde fica hoje o Sudão do Sul. A *pérfida Albion* é uma expressão, evidentemente pejorativa,

XX. Estamos longe, também, da imagem positiva que, pouco a pouco, entrara em concorrência com essa visão contrastada e depois se substituíra a ela: a ilha invencível da Batalha da Inglaterra, galvanizada por Winston Churchill. Produto de um tempo de paz e de uma sociedade enriquecida, a jovem inglesa contribui para apurar ainda mais as contas e, considerada pouco feroz, ela povoa os imaginários adolescentes.

Seria um equívoco, em razão de sua fragilidade de bolhas de sabão, considerar semelhantes estereótipos negligenciáveis. Eles remetem igualmente ao domínio da sexualidade e afetam, assim, outro parâmetro essencial para analisar os processos de transmissão ou de alteração das representações coletivas de uma geração à outra: a evolução das normas e dos tabus, no seio de um grupo humano, numa determinada data. Essa evolução contribui, também ela, para alimentar estereótipos, como demonstra, precisamente, o exemplo da nova geração. Nesses meados dos anos 1960, esta ainda não é globalmente caracterizada por relações sexuais precoces, e a relação se exprime antes através do *flirt*. Ora, é aí que encontramos a jovem inglesa, encarregada de simbolizar o verde paraíso dos amores tolerados. E, por trás dela, para completar esse mapa de ternura semissonhada, perfila-se mais ao norte uma espécie de Eldorado inacessível, a Suécia da suposta liberação sexual, trazendo, desta vez, a imagem da "sueca". A cultura de massa, de resto, logo tomará a seu cargo esses estereótipos que se verão ao mesmo tempo vulgarizados e banalizados: em 1973, os dois heróis dos *Zozos* de Pascal Thomas sonham em subir até a Suécia durante o feriado de Páscoa; e, em 1975, *À nous les petites Anglaises* [Para nós as inglesinhas], de Michel Lang, por seu sucesso público, enraíza o clichê. Como os dois filmes são muito explicitamente autobiográficos, eles remetem, na verdade, aos anos 1960: Pascal Thomas nasceu em 1945 e Michel Lang em 1939. Há aí, portanto, dois exemplos

atribuída a Bossuet (século XVII), mas, sintomaticamente, muito em voga no fim do século XIX, utilizada pelos franceses para designar seus sempiternos adversários britânicos. Albion teria sido um dos primeiros nomes dados à Grã-Bretanha. (N.T.)

concretos de estereótipos forjados por *baby-boomers* e homologados pela cultura de massa. O "novo natural", com que a crítica credita Pascal Thomas, dá a seu filme uma irradiação que faz com que os dois heróis, internos num liceu de Poitou, adquiram a força do arquétipo. E o registro escolhido por Michel Lang – explicitamente inspirado em *American Graffiti*, que saíra dois anos antes, mas cuja história se passa numa cidadezinha da Califórnia em 1962 – lhe dá igualmente um poder de encarnação, que insemina ainda mais o estereótipo juvenil forjado nos anos 1960.

Estereótipos e ideologias

É preciso constatar que este é amplamente masculino. De fato, num momento dado, as representações coletivas, e especialmente os preconceitos e as imagens convencionais, são também o reflexo das relações de gênero no seio de um grupo humano, o que remete mais uma vez ao parâmetro das normas e dos valores no seio desse grupo numa determinada data. Isso posto, existe igualmente outra relação de forças determinante na gestação e no metabolismo dos estereótipos: aquela que diz respeito às ideologias. Quando as relações de forças ideológicas se modificam brutalmente no seio de uma sociedade, as condições de aprendizagem política das gerações ascendentes se veem radicalmente alteradas, inclusive no que concerne à transmissão dos estereótipos que associam ideologias e Estados-Nação. Nos anos 1960, os *baby-boomers* verão assim algumas das principais referências se modificarem em poucos anos. Como acontece com a União Soviética: uma década antes, com efeito, esta permanecia o mais das vezes o modelo dominante para um jovem intelectual da esquerda em fase de aprendizagem. Ela era ainda a peça-chave de uma visão binária da História, fortemente impregnada de marxismo-leninismo, com uma classe exploradora a abater, a burguesia, e uma classe explorada a promover, o proletariado, alavanca das revoluções por vir. Esse binômio estruturante conhecera, no entanto, em poucos anos, uma dupla transferência, ao mesmo tempo semântica e geográfica. Depois das decepções a respeito da União Soviética em 1956 – relatório Kruschev em fevereiro, repressão na Hungria no outono –, depois da constatação de que a classe operária ocidental, longe de se tornar o estopim esperado, também se beneficiava do enriquecimento dos Trinta Gloriosos e já quase não aspirava a uma ruptura revolucionária, outro binômio vai assumir o papel de suposto motor da História: o par imperialismo – terceiro mundo. De fato, é a visão de uma luta de classes dilatada à escala planetária que substitui a precedente: a exploração teria progressivamente se tornado mundial, e são os jovens Estados em formação naquele momento, vítimas de tal exploração, que se tornariam a ponta de lança das revoluções por vir. O novo binômio se encarna, portanto, em alguns desses Estados, e às transferências semânticas se acrescenta um deslizamento geográfico: o modelo declinante da União Soviética é substituído especialmente por aqueles da China ou de Cuba. Certamente, tais modelos derivavam também de estereótipos, mas, precisamente, a geração ascendente, que não se banhara na vulgata precedente de explicação do mundo e se encontrava, assim, virgem de qualquer marca ideológica prévia, aderirá com maior facilidade a essa nova visão binária do mundo. Bem mais, no próprio momento em que essa geração desperta para a política, uma guerra, a do Vietnã, parece perfeitamente ilustrar essa visão binária: o pobre contra o rico, o fraco contra o forte, o terceiro mundo contra os países exploradores, as guerras de "liberação nacional" contra o "imperialismo americano".

Neste momento, a imagem dos Estados Unidos sofre, portanto, uma inflexão aos olhos de uma parte da juventude francesa. Ao passo que, para os mais velhos, salvo talvez entre os militantes comunistas, o GI[12] da liberação da Europa em 1944-1945 permanecera, ao longo de toda a Guerra Fria, o garantidor da liberdade

---

[12] Apelido dos soldados norte-americanos, originado da sigla GI (*Galvanized Iron* – ferro galvanizado), inscrita em boa parte do material metálico utilizado por eles na primeira metade do século XX. (N.T.)

e da paz mantidas, ele se torna, nos arrozais do Sudeste asiático, o símbolo da opressão. Assim como, de resto, as asas americanas veem se inverter, na mesma época, a carga simbólica que lhes está ligada: nos anos 1950, o octorreator B-52 do *Strategic Air Command* era percebido como o braço secular do "Mundo livre", instrumento de dissuasão e, assim, como que a muralha da Europa ocidental contra uma possível invasão dos blindados do exército vermelho. Uma década depois, ele se tornou, aos olhos dos adversários da intervenção americana no Vietnã, a máquina da morte que derrama napalm sobre populações desoladas. As asas da liberdade se tornaram, portanto, as asas do terror cego. Observemos, de resto, que a geração do *baby-boom* manterá a partir de então, ao longo de toda sua existência, uma relação complexa com essas asas americanas. Vinte e cinco anos depois do Vietnã, uma nova inversão se operará assim a propósito delas: serão, às vezes, os mesmos intelectuais, antigos jovens militantes das extremas esquerdas europeias, transformados nesse ínterim em ferventes partidários da defesa dos direitos humanos, que apoiarão a intervenção ocidental – com a aviação americana como ponta de lança – quando da primeira Guerra do Golfo em 1991, ou, oito anos depois, em Kosovo. As asas americanas voltavam então a ser as asas da liberdade, prova de que os estereótipos são às vezes precipitados instáveis que se desagregam ou invertem, por vezes no interior de uma mesma geração. Tendo, é claro, como pano de fundo, as mudanças de clima ideológico. No caso das asas americanas, de resto, uma nova inversão intervirá a partir de 2003: muitos antigos *baby-boomers* voltarão, no momento da guerra do Iraque, a seu antiamericanismo da juventude, mesmo se alguns deles perseverarão, ao contrário, em sua hostilidade às ditaduras e aplaudirão a queda de Saddam Hussein.

Por isso, seria um equívoco se limitar aos estereótipos forjados pelas ideologias, mesmo se estes são os mais fáceis de perceber e identificar. Tais estereótipos, na verdade, geralmente não afetam mais do que um segmento de geração, aquele, como vimos, dos jovens intelectuais. Atribuindo-lhes relevo demais, o historiador cometeria reais erros de perspectiva. Bem mais, semelhante risco é patente para a geração do *baby-boom*. Se, em seu seio, as vanguardas políticas foram as mais barulhentas, e se, por essa razão, questão a que voltaremos, elas deixaram uma marca hipertrofiada na memória coletiva, nem por isso elas representavam, no fim das contas, mais do que uma parte de sua faixa etária, e a visão que teve dos Estados Unidos a maior parte dessa faixa etária é, provavelmente, bem diferente.

As barreiras entre gerações

De fato, se a memória coletiva reteve com mais facilidade a lembrança de uma bandeira norte-americana queimada publicamente em Paris, em março de 1968, no bulevar *de l'Opéra*, diante das vitrines do *American Express*, como forma de protesto contra a guerra do Vietnã, nos *Champs-Élysées* o cinema George V acabava de projetar por seis anos consecutivos *West Side Story*. É aí, em termos estatísticos, que reside provavelmente o essencial: muito mais do que no seio dos grupinhos de extrema esquerda, os grandes estereótipos sobre "a América" devem ser procurados na fascinação então exercida pelo cinema e pela música vindos dos Estados Unidos. *West Side Story*, de resto, foi muitas vezes apresentado pelos jovens cantores "iê-iê-iê" da primeira parte dos anos 1960 como seu filme favorito, visto, revisto e erigido assim ao estatuto de filme-fetiche. Os cantores, oriundos, mais do que os estudantes da mesma idade, da classe média baixa e dos meios populares, e bem menos politizados do que aqueles, são bem mais marcados do que eles pelas imagens e sons vindos dos Estados Unidos. Jean-Marie Périer, que se torna nesse momento o fotógrafo oficial da revista mensal *Salut les copains* [Oi, amigos] transplantará reiteradas vezes esses "ídolos" franceses-para-franceses a seus lugares de predileção, até então meio sonhados: como Johnny Hallyday em Nova Iorque e em Los Angeles ou Eddy Mitchell em Nashville. Desenha-se assim, em filigrana, uma geografia das afinidades eletivas, transmitida aos fãs – o termo aqui é já uma indicação – e de que os Estados Unidos aparecem claramente como o epicentro. Se acrescentamos que *Salut les copains* tem então uma tiragem de cerca de um milhão de exemplares, e que circula no colégio, no liceu, na caserna e no ateliê, percebemos que são portanto vários milhões de adolescentes e jovens que podem assim viver por procuração seu sonho americano, ou aderir progressivamente a ele por mimetismo.

No fim das contas, os estereótipos da geração ascendente são, portanto, menos representações transmitidas pelos mais velhos do que imagens aculturadas no seio de uma mesma faixa etária cada vez menos tributária das fronteiras e, consequentemente, das fermentações nacionais. A circulação é aqui bem mais horizontal do que vertical, e são precisamente as barreiras entre as gerações que começam, a partir de então, a funcionar como fronteiras. No final dos anos 1960, a antropóloga Margaret Mead observava, aliás, em *O fosso das gerações*[13], que "hoje, qualquer indivíduo nascido e criado antes da Segunda Guerra Mundial é um imigrante – um imigrante que se desloca no tempo como seus antepassados tinham se deslocado no espaço".

A dilatação dos estereótipos por cima das fronteiras e sua percepção partilhada por juventudes até então separadas são sensíveis tanto em seus segmentos politicamente engajados quanto naqueles muito menos concernidos pelos debates da ágora. Assim, entre os jovens engajados na extrema esquerda, o "Che" se torna uma espécie de estereótipo transnacional: ele é o anjo exterminador do capitalismo, fulminado pelas forças do mal, os soldados bolivianos não tendo sido mais do que instrumentos da "CIA". Donde, nesses jovens, o choque produzido pelas fotografias do cadáver de Guevara, que o representam como um jacente medieval. Mas, além disso, mesmo fora da esfera dos militantes engajados, a morte confere ao guerrilheiro vindo de Cuba uma espécie de auréola: os pôsteres e logo as *tee-shirts* que o representam de uma forma quase crística vão

---

[13] "*Le fossé des générations*" é o título francês de *Culture and Commitment: A Study of the Generation Gap*. (N.T.)

proliferar. Não se trata mais, em semelhante caso, de um jacente, tombado no campo de honra do combate revolucionário, mas de uma espécie de santo laico, produto de síntese da cultura de massa e da onda contestatária que invadirá o Ocidente da Europa e os Estados Unidos na segunda metade dos anos 1960. Símbolo um pouco vago – e que se tornará ainda mais vago à medida que passam os anos – e por isso mesmo muito plástico, ele se torna uma espécie de Janus, com uma face politicamente marcada e uma outra vertente politicamente desbotada. E esse Janus deriva, ao menos parcialmente, do processo de constituição de um estereótipo, com duas componentes essenciais: ele não é herdado da geração precedente, o que não o impede de ganhar suficiente densidade no seio da nova geração para chegar ao estatuto não apenas de mito político mas também de estereótipo sociocultural; essa densidade se deve especialmente ao fato de que se trata, além de tudo, de um estereótipo internacional, e não apenas ao fato de ter se criado ao redor de um combatente de uma causa internacionalista, a imagem e o som desempenhando aqui uma função multiplicadora.

Se fosse necessária outra prova da dilatação mundial, mas também da ambivalência dos estereótipos relativos aos Estados Unidos, bastaria observar o fim dos anos 1960: no verão de 1969, o primeiro homem na Lua e o festival de Woodstock refletem ao mesmo tempo a capacidade desse país de levar a bom termo um programa tecnológico e científico colossal e sua aptidão a acolher em seu território um festival de tom explicitamente contestatário, repercutido além do mais por uma cultura juvenil de massa em vias de mundialização.

Nesse contexto de dilatação em escala universal das imagens e dos sons, a geração do *baby-boom* foi, portanto, a primeira a ver se oporem em seu seio estereótipos ainda nacionais e inatos, herança de faixas etárias e de configurações históricas anteriores, e novos estereótipos adquiridos, que transcendiam as fronteiras. Está aí claramente um dos sintomas da aparição dos novos horizontes que balizam a partir desse momento a "aldeia planetária", então em vias de constituição.

CAPÍTULO IV

A norma e a transgressão: observações sobre a noção de provocação em história cultural

Examinando bem, o tema da provocação aparece como essencial para a história cultural. Se essa constatação só se faz após exame, ao passo que ela se impõe imediatamente em história política ou em história das relações internacionais, é porque o uso desse tema pelo historiador cultural é ao mesmo tempo rico de promessas e potencialmente freado por dificuldades intrínsecas. No domínio político, assim como naquele das relações entre Estados, a prática da provocação é fácil, por assim dizer, porque consiste em infringir conscientemente a regra. Assim, a busca deliberada do incidente diplomático passa pelo desrespeito a um acordo ou, ainda melhor, a uma fronteira: nos dois casos, a violação é patente e é sua realidade que cria o incidente. A provocação reside aqui, portanto, na materialidade daquilo que é infringido, e a história, em todas as épocas, é percorrida por semelhantes atos deliberados cujo caráter premeditado é inegável, já que violam um acordo, um costume, uma fronteira, em suma, uma linha de demarcação material ou simbólica cuja transposição constitui uma clara infração.

E, no fim das contas, a provocação em política deriva do mesmo paradigma. Trata-se de infringir conscientemente uma regra. Como esta, muitas vezes, é a lei, ela própria garantidora da ordem, a provocação consistirá em violar deliberadamente esta lei ou, *in situ*, por exemplo numa manifestação, atacar as forças da ordem contando com os ganhos de mobilização gerados pelo mecanismo de solidariedade diante da repressão assim provocada. A palavra de ordem bem conhecida e recorrente na história francesa, "provocação, repressão, solidariedade", é reveladora sob esse aspecto. Naturalmente, como no domínio das relações internacionais, a provocação pode apresentar aqui muitas variantes. E, aí também, a história política recente ou mais antiga, francesa ou estrangeira, é percorrida por provocações abortadas ou bem-sucedidas, lúdicas ou trágicas, reais ou imaginárias. A propósito deste último registro, é preciso evocar também a questão da manipulação. A provocação pode ser ela própria o produto de outra provocação, incitando a provocar para melhor reprimir. Aparece aqui o tema da provocação policial, real talvez em alguns casos, mas que, em outros, deriva da imaginação ou do slogan. Isso posto, esta última observação não invalida a constatação mais geral: o historiador do político ou das relações internacionais pode localizar as provocações que balizam seus campos de investigação, pois as transgressões que essas provocações constituem são facilmente identificáveis, na medida em que infringem regras tangíveis.

Bem mais complexa, em contrapartida, é a noção de transgressão em história cultural. Essa noção implica também a de norma cultural, muito mais difícil de apreender, já que esta não deriva da regra ou do consentimento – como a lei ou o tratado diplomático – e sim de mecanismos bem mais difusos e instáveis. Para voltar à observação inicial, fazer uma história cultural da provocação é, portanto, ao mesmo tempo, por essa mesma razão, complexo e essencial, pois semelhante procedimento heurístico leva a trabalhar sobre a norma e a transgressão culturais, elementos essenciais do metabolismo das sociedades e das representações coletivas em seu seio.

A regra e o tabu

A complexidade se deve também à própria definição da história cultural. Explicitamente, os organizadores do colóquio sobre a provocação que está na origem deste capítulo distinguiam, em seu documento preparatório sobre a cultura da provocação, dois registros diferentes: "as produções literárias e artísticas", nas quais pode se exprimir a provocação, e "atitudes e modos de vida" que podem refletir, sendo "marginais e minoritários", uma atitude de provocação. Ora, esses dois registros remetem implicitamente às duas vertentes da história cultural. Esta estuda tanto as produções elaboradas do espírito humano, notadamente "literárias" e "artísticas", quanto as representações coletivas e os imaginários sociais, no espelho dos quais se organizam "atitudes" e "modos de vida". No que tange a essas duas vertentes, a norma é sempre muito mais flutuante do que aquela determinada pela lei – mesmo se acontece, é claro, que esta reja esses domínios culturais –, pelo tratado cultural ou pela fronteira, pois deriva do suposto bom gosto ou da decência, critérios bem mais difíceis de reconstituir para o historiador. Além disso, trata-se menos, neste caso, de violar regras do que de transgredir normas com a finalidade de chocar: a transgressão é não apenas voluntária, mas, ainda por cima, reivindicada, na maioria das vezes, sob uma forma ou outra. Aí está uma diferença clara em relação aos domínios político ou diplomático, em que pode haver reivindicação ou, pelo contrário, ocultação. O provocador, nesses domínios, pode avançar mascarado, ao passo que a transgressão cultural é, quase por essência, pública e, frequentemente, personalizada.

Por tudo isso, a transgressão "cultural" varia muito em função da vertente que examinamos: a das expressões "artísticas" e "literárias" ou a das representações e dos imaginários. As normas não têm a mesma natureza em ambas e nunca se superpõem totalmente. Quem fixa, por exemplo, a norma em arte ou em literatura? A resposta, certamente, varia com os lugares e as épocas. Assim, na França, é a Academia francesa que, de certa maneira, é depositária do sentido das palavras e, portanto, no fim das contas, da linguagem. Da mesma forma, em certos momentos da história francesa, pôde-se falar de "arte oficial", cujos cânones salões ou exposições refratários pretendiam contornar. Nesse caso, como naquele em que a língua é deliberadamente subvertida, criações culturais infringem abertamente regras tácitas ou mesmo explícitas. E a provocação é então a arma eventual dos marginais ou das vanguardas. Se a configuração que o historiador pode assim reconstituir *a posteriori* é, no fim das contas, banal – impor-se opondo-se, afirmar-se contestando, em dissidência com a norma –, semelhante banalidade de situação torna seu trabalho relativamente fácil: o tácito e, ainda mais, o explícito deixam rastros palpáveis, sobretudo quando são o reflexo das estruturas consuetudinárias ou jurídicas de uma época, mais facilmente identificáveis retrospectivamente pelo historiador do que outras estruturas mais ocultas. Sob vários aspectos, encontramos aqui um paradigma muito próximo daquele com que deve lidar o historiador do político ou das relações internacionais.

Bem mais difícil de apreender, em contrapartida, é a norma decorrente daquilo que chamaremos, na falta de algo melhor, a sensibilidade de uma época. Pois tal sensibilidade deriva, precisamente, dessas estruturas mais profundas, e, com estas, encontramos a segunda acepção do objeto da história cultural, aquele que tange às representações e aos imaginários e, assim, àquilo que baliza, tanto quanto o fazem o direito ou o costume, os comportamentos individuais e coletivos no seio de uma determinada comunidade humana, numa determinada data. Trata-se de um domínio ao mesmo tempo imenso, já que diz respeito à vida privada e à intimidade, e muito impermeável à investigação do historiador, já que concerne a noções tão complexas quanto a da relação com o corpo ou com o Outro, seja o semelhante, ou reconhecido como tal, seja o diferente e o estrangeiro. Dessas noções complexas decorrem, paralelamente à regra regida pela lei ou pelo costume, elementos tão delicados quanto o pudor ou a tolerância. Trata-se menos, por exemplo, da proibição do que do tabu, menos daquilo que infringe a moral pública do que daquilo que choca a moral comum do grupo humano estudado na data considerada. Por certo, os dois perímetros se superpõem em parte, mas, para além das zonas de contato, existe toda uma tipologia das defasagens entre o direito ou o costume e essas sensibilidades mais difusas mas, por isso mesmo, ainda mais pregnantes: o "bom gosto" de uma época é um entrelaçamento, de uma parte, da regra e do consentimento e, de outra, das sensibilidades partilhadas. Estas últimas secretam, também elas, normas, que podem estar em conformidade, mas também em avanço ou retardo, com relação à lei. O que nos remete à questão inicial: onde começa a transgressão no domínio cultural e em relação a que tipo de normas ela se efetua? Percebe-se, formulando-a assim, o teor antropológico de semelhante questão, confirmação indireta de que as abordagens ditas de história cultural devem comportar uma dimensão de antropologia histórica. Isso posto, três exemplos concernentes a uma mesma década, os anos 1960, demonstram também a diversidade dos paradigmas e a inanidade, neste domínio, de uma resposta única a essa questão.

A permissão para provocar

A referida década apresenta, especialmente, um exemplo de provocação explicitamente reivindicada. Certamente, por essência, como já dissemos, a provocação é muitas vezes explícita e, por isso mesmo, proclamada. Mas este exemplo dos anos 1960 é quase semanticamente puro, já que seus protagonistas se autodenominaram "provocadores". O uso assumido da droga, a liberdade sexual estampada, a vida comunitária posta em prática, diversos signos de dissidência social para esses jovens holandeses que se proclamam assim em ruptura, em meados dos anos 1960, alguns anos antes do momento em que semelhantes atitudes se tornam, senão banais, ao menos mais recorrentes na efervescência cultural multiforme que ganha então uma parte das juventudes ocidentais. Mas a postura dos "provocadores" pretende-se, além do mais, subversiva. Na mesma época, a minissaia da Carnaby Street choca ou seduz, irrita ou alegra, sem, no entanto, ser realmente provocadora no sentido em que tomamos esse termo aqui. Ou, mais precisamente, a transgressão que ela representa é absorvida tão rápido que uma nova norma se cria, na qual a minissaia pouco destoa, e choca ainda menos. Em Amsterdã e nos seus arredores, pelo contrário, a atitude se quer, por certo, lúdica, mas também política, e seu aspecto subversivo fica ainda mais claro no momento do casamento da princesa herdeira Béatrix d'Orange em 10 de março de 1966: a cerimônia, transmitida ao vivo pela televisão em diversos países europeus, foi perturbada pelo lançamento de bombas de fumaça caseiras, e o eco dos incidentes ultrapassou amplamente a cidade de Amsterdã e mesmo os Países Baixos.[14]

Mas não devemos nos deixar enganar por semelhante episódio. Olhando bem, a provocação, nos anos 1960, não é tão tranquila quanto poderia parecer. Por certo, a efervescência sociocultural já evocada permite os excessos e constitui, assim, uma espécie de permissão para provocar. Mas o caráter antitético dessa expressão evidencia a contradição em que a época, permissiva, encerra o provocador potencial: este só existe pela transgressão; ora, ele opera num momento em que o limiar desta recua muito rapidamente e em que a unidade de tempo desse processo deixa de ser a década – ou mais tempo ainda – e passa a ser o ano. Ao passo que, o mais das vezes, as normas que regem o comportamento coletivo no seio de uma sociedade só se modificam muito lentamente, os anos 1960 assistem a uma aceleração de sua evolução. As proibições e os tabus são, o mais das vezes, senão estruturas perenes – ainda que, em certas civilizações e em certas épocas, derivem de um tempo quase imóvel –, ao menos ingredientes de combustão muito lenta dos ecossistemas sociais. Em outros momentos, pelo contrário, por razões que podem variar – fraturas revolucionárias, sequelas de uma guerra, desequilíbrios geracionais agudos colocando em xeque a moral dos adultos – e serem às vezes difícil de elucidar, sua modificação se

---

[14] Nicolas Pas, "Images d'une révolte ludique. Le mouvement néerlandais Provo en France dans les années soixante" [Imagens de uma revolta lúdica. O movimento holandês "provocador" na França dos anos sessenta], *Revue historique*, n. 634, abr. 2005, p. 343-373.

opera muito rapidamente e aquilo que chocava no ano anterior parece benigno, e mesmo anódino, no ano seguinte.

O exemplo de duas canções de 1966 é revelador a esse respeito. O cantor Antoine obtém um grande sucesso público – e uma súbita notoriedade – com *Les Élucubrations* [As Elucubrações]. Se a tonalidade geral dessa canção é comportada, sem real carga subversiva, há um verso que se coloca explicitamente em contravenção com a lei: "Mettez la pilule en vente dans les Monoprix" [Coloquem a pílula à venda nos supermercados], preconiza Antoine. A provocação, aqui, passa pela cultura de massa, o que é uma novidade. A tal ponto que, aí também, os termos podem parecer antitéticos: seria ainda provocar fazê-lo através de canais de massa cuja razão de ser reside em sua adequação com o espírito do tempo? A resposta, aqui, se encontra na constatação de que o espírito do tempo, nesses meados dos anos 1960, se impregna da mentalidade contestatária. Contestar, assim, não é necessariamente provocar, ou, mais precisamente, se a provocação existe ainda – uma vez que a lei é atacada – ela alveja um dispositivo legislativo em curso de modificação: a partir do ano seguinte, a lei Neuwirth autoriza a "pílula", ainda que seja na farmácia. O ano é, portanto, claramente, nesse exemplo, a medida da rapidez com que a norma evolui, e aquilo que pode ainda (um pouco) chocar em 1966 não tem a mesma ressonância no ano seguinte. Mais amplamente, a aparência física do cantor Antoine não inspira mais a mesma rejeição a um ano de distância. Em 1966, seus cabelos longos lhe valem a hostilidade de certos jovens de uma França profunda onde os critérios da virilidade ainda não absorveram a onda de choque dos Beatles: durante sua turnê ele é agredido quando de um show na Córsega, e o fosso cultural fica patente nessa noite entre a aparência de Antoine e de seus músicos e a dos agressores, vindos dos vilarejos próximos, que se reconhecem melhor no roqueiro Hallyday; este canta na mesma época: "cheveux longs, idées courtes" [Cabelos longos, ideias curtas]. No ano seguinte, em contrapartida, Hallyday adota a aparência hippie e canta *Si vous allez à San Francisco* [Se você for a San Francisco]. A transgressão indumentária e capilar durou bastante: alguns meses.

Isso posto, acontece também que a transgressão pelas palavras perde sua carga provocadora em marcha acelerada. E não apenas porque, como no caso das *Élucubrations*, a lei, mudando, recua *de facto* a fronteira da transgressão. Em outros casos, é a própria moral comum que parece, em pouco tempo, modificar seus cânones e recuar, ela também, suas fronteiras. Outra canção de 1966 reflete bem esses momentos de aceleração. Nesse ano, Michel Polnareff canta *L'amour avec toi* [O amor com você], e sua canção, num primeiro momento, destoa. Havia vários anos, naquela data, que a música "iê-iê-iê" definia o discurso amoroso, e as canções de amor dessa cultura juvenil não tinham se inscrito numa ruptura em relação ao discurso precedente. Se a irrupção do rádio no seio da sociedade francesa nos anos 1930 assegurara às canções de amor uma grande ressonância, a partir do início dos anos 1960 a canção "iê-iê-iê", amplamente midiatizada, transbordara dessa espécie de reserva natural que a faixa horária 17h-19h do programa *Salut les copains* constituía; ela impregnara mais amplamente, por capilaridade, o conjunto dos programas radiofônicos, e definira, assim, por sua vez, a norma do código amoroso. Ora, durante toda a primeira metade dos anos 1960, semelhante norma não fora realmente modificada por essa passagem de bastão. A novidade residira então menos numa mudança dos próprios comportamentos amorosos do que no rejuvenescimento de seus atores. A canção de amor, até então, colocava em cena o mais das vezes jovens adultos. A partir daí, em muitos casos, trata-se de jovenzinhos, os *teenagers*, oriundos desse entre-dois de paredes porosas e flutuantes situado entre a adolescência e o mundo dos adultos. Mas esse rejuvenescimento quase não modificara o conteúdo da canção de amor, e o "*flirt*" dos anos 1960, de certa forma, parecia até mais tímido se comparado à tonalidade de algumas canções do período anterior. Ao mesmo tempo, e sem que isso seja contraditório, ela se inscrevia nos mesmos registros. Sob vários aspectos, a geração do *baby-boom*, em seus anos adolescentes, ao mesmo tempo amplifica ainda mais esse acme do sentimento amoroso e se banha em seu leito, sem desviá-lo ou acelerar seu ritmo. É apenas na segunda metade da década que a cultura juvenil se erotiza e, numa alquimia geracional complexa, os comportados antigos "iê-iê-iê" se tornam, por vezes, através de novos cantores a que concedem sua atenção, e mesmo seu encantamento, atores da "liberação sexual" que se inicia. Desse ponto de vista, o uso da expressão "faire l'amour" [fazer amor] na canção de Polnareff, em 1966, se, inicialmente, choca mais do que seduz, logo se vulgariza e, em pouco tempo, se banaliza. A cultura de massa, aqui, desempenha o papel de um acelerador. Há todo um mundo, e, no entanto, apenas três anos entre a recepção ainda bastante reticente reservada a *L'amour avec toi* de Polnareff e o sucesso público maciço de *Je t'aime, moi non plus* [Eu te amo, eu também não] de Serge Gainsbourg, canção em que os gemidos sincopados de Jane Birkin fornecem a trama de um dos sucessos do verão de 1969.

Por que se provoca?

Os exemplos precedentes confirmam a dificuldade para o historiador do cultural de trabalhar sobre o tema, contudo essencial, da provocação. Mas essa dificuldade não se deve apenas à constatação de que a provocação se situa em relação à norma em vigor no momento estudado. Esse momento se caracteriza também por um espírito do tempo, que lhe dá sua coloração e sua identidade histórica, e a transgressão é contaminada também, é claro, por esse espírito do tempo que ela pretende subverter. Ora, não é nada fácil para o historiador reconstituir esse espírito do tempo, precisamente porque ele é feito desse impalpável que nem a norma nem mesmo as representações coletivas definem. Não voltaremos aqui ao exemplo das duas canções de 1966: nesse ano, são ainda canções a contrapelo, mas numa França cujas sensibilidades profundas se transformam a toda velocidade. Nessa perspectiva, o historiador deve perceber o momento em que esse espírito do tempo absorve aquilo que reprimia pouco antes. Ora, tal temporalidade não é geralmente aquela da história cultural, cujos ritmos são de combustão mais lenta, e é por isso, às vezes, bastante difícil perceber em que momento a insolência se torna um conformismo, e a transgressão uma atitude anódina.

Num registro mais técnico, e independentemente da busca pelos momentos de virada, a reconstituição atenta do espírito do tempo permite também ao pesquisador melhor dar conta da natureza da transgressão que, às vezes, está diretamente ligada à atualidade. É o caso, por exemplo, quando a versão semanal do mensal *Hara-Kiri* publica, em seu número 94, de 16 de novembro de 1970, após a morte do general de Gaulle, uma capa com um título que entraria na história: "Baile trágico em Colombey. Um morto". A revista é imediatamente proibida, mas substituída, já na semana seguinte, por *Charlie-Hebdo*. O "baile trágico" remetia ao incêndio mortífero de uma boate da região de Grénoble em que mais de cem jovens tinham morrido carbonizados ou asfixiados. A transgressão, aqui, não residia portanto unicamente na desenvoltura deliberada e zombeteira face ao desaparecimento da estátua do Comendador, mas também na colocação em prática do humor "besta e perverso" do jornal, que se alimentava deliberadamente do infortúnio do tempo. É no cruzamento de uma dupla transgressão que se situava o episódio do título do hebdomadário, e o historiador que se ativesse unicamente ao desrespeito manifestado para com o chefe defunto da França passaria ao largo do que esse título tinha de mordente.

Uma história cultural renovada, e atenta a essas culturas sensíveis de uma época e a suas imbricações, com as fortunas e os infortúnios dos trabalhos e dos dias de uma comunidade nacional, deve estar, portanto, apta não apenas a perceber provocações e, mais amplamente, transgressões, mas também a depreender suas significações profundas, bem mais ricas do que a simples constatação de uma barreira proibida e, no entanto, transposta. Essa história cultural, debruçando-se assim sobre fatos como esse, marcados pela provocação deliberada, poderia desfazer o nó e lançar uma nova luz sobre o estudo de um determinado período. Instrutiva, por exemplo, é a tentativa de resposta a uma pergunta aparentemente banal: por que se provoca? Sendo a provocação um ato meditado, e até premeditado, responder a essa pergunta equivale a apreender o sujeito ao mesmo tempo agente e pensante, ou seja, aquele que uma disciplina histórica liberada das correlações socioeconômicas demasiado pesadas e unívocas, sequiosa de dar conta da complexidade do real, tem como objeto primordial. E para dar conta da rica gama de motivações das diferentes provocações identificáveis, vários jogos de escalas se fazem presentes.

Em primeiro lugar, intervém a dupla de forças que classicamente ressurge em qualquer análise histórica: o individual e o coletivo. Esses dois registros, que naturalmente se interpenetram, são importantes para nossa questão. No que tange ao individual, cada ator permanece em primeiro lugar um precipitado de afetos, e este interfere na decisão de provocar, ou seja, de infringir a regra tácita ou explícita, o costume habitual, ou ainda o interdito ligado às normas e às sensibilidades de uma época; em outros termos, de recusar abertamente o consentimento em torno da regra, do costume ou do tabu. E isso com uma intensidade variável que faz do ator da provocação um simples agitador, ou, mais amplamente, um dissidente. Mas o precipitado de afetos é raramente o único determinante da ação de agitação ou de dissidência. O ator é também imbricado e implicado – inconsciente e conscientemente, portanto – numa rede de correlações socioeconômicas e socioculturais. Mesmo se existe, sobre essa questão das correlações, debate entre historiadores quanto à parte de livre-arbítrio e quanto à intensidade das correlações, estas existem e concernem a nosso tema. De fato, se a questão essencial permanece: "por que alguém adere a um grupo de provocadores?", a existência desse grupo nem por isso é redutível ao agregado de determinações pessoais e deriva também, para o historiador, do exame do jogo dessas correlações.

Mas existe também outro jogo de escalas que o historiador deve levar em consideração quando estuda a provocação: qual é, para os provocadores, o efeito projetado? Essa questão, que remete àquela da causalidade, abre todo um campo de possíveis, desde o ato gratuito até a busca de um resultado preciso. O ponto comum entre esses possíveis é que eles se inscrevem em ruptura, ruptura ela própria acarretada pela transgressão. A marginalidade estampada ou reivindicada raramente é um fim em si – o que seria o caso, ao menos em parte, do ato gratuito –, ela é uma arma. E, mais do que um marginal, o provocador, frequentemente, se pretende um rebelde. Encontramos, de resto, a menção a muitos desses provocadores num livro de título significativo: *Le Siècle rebele*.[15]

Existiriam séculos, ou, em todo caso, períodos, mais densos que outros em provocações? E, se é mesmo assim, seriam estes períodos de desestabilização aguda? As provocações se multiplicam então porque as sociedades concernidas já estão desequilibradas, os valores e as normas que as estruturam encontrando-se em fim de carreira? Em semelhante caso, as transgressões contribuem para alargar fissuras já existentes no seio de grupos humanos já abalados. Inversamente, o que dizer dos períodos durante os quais as provocações se fazem menos densas e, sobretudo, qual é a natureza das sociedades e dos grupos humanos em que se observa esse tipo de acalmia ou de remissão? A resposta é, no caso, tanto mais complexa na medida em que a ausência de provocação pode refletir duas configurações históricas exatamente opostas. Num caso, a regra é tão estrita e a situação tão liberticida que a transgressão é perigosa demais para ser almejada em seus aspectos puramente provocadores: paga-se caro, então, pela rebelião. No outro, ao contrário, a regra se enfraqueceu tanto que a provocação fica sem chão: numa

---

[15] Emmanuel de Waresquiel (Org.), *Le Siècle rebelle. Dictionnaire de la contestation au XXe siècle* [O século rebelde. Dicionário da contestação no século XX]. Paris: Larousse, 1999.

configuração permissiva, seus atores surgem como Dons Quixotes atacando moinhos de vento.

O risco corrido certamente não é o mesmo nesses dois casos hipotéticos. O que engendra uma questão subsequente: a provocação implica necessariamente que se corra riscos e, portanto, que se tenha coragem? Na segunda situação evocada, não se paga pela transgressão nem o preço da liberdade nem aquele do descrédito social. A provocação pode mesmo se tornar, em certos casos, uma forma de conformismo. Aí também o caráter antitético dos dois termos mostra que, precisamente, quando o risco desaparece totalmente, a palavra provocação provavelmente deixa de convir. A provocação torna-se apenas fútil (tendo perdido sua carga subversiva) ou mercantil (quando serve de publicidade barata).

Esta última constatação leva a outra questão já abordada anteriormente: é possível provocar — no sentido pleno dado aqui a esse verbo — no quadro da cultura de massa? Essa questão é essencial, na medida em que as sociedades contemporâneas são profundamente trabalhadas pelos diferentes vetores dessa cultura de massa e relativamente pouco entravadas, desde os anos 1960, em sua liberdade de expressão. Olhando bem, a provocação ocupa nelas um lugar ambíguo. A cultura de massa, ao menos em suas formas comerciais, busca a audiência: deve ser, portanto, consensual. A provocação conscientemente propalada pode, em semelhante perspectiva, aparecer como perturbadora: ela incomoda, então, não as regras de uma moral comum que há já muito tempo se tornou permissiva, mas os ingredientes de uma sociedade do espetáculo com vocação a permanecer federativa. Simultaneamente, a provocação, embora deixe de ter aqui a capacidade de deslocar as linhas, tornadas porosas e elásticas, dessa moral comum, pode ainda colocar uma pitada de pimenta nessa sociedade, fundada semanticamente no espetáculo mas também no espetacular, e portanto sequiosa de sensacionalismo. Em outros termos, em seu seio, convém não apenas federar, mas também atrair, e a provocação pode contribuir para isso. Mas ela fica restrita, nesse caso hipotético, a finalidades muito aquém da subversão da norma: atrair a clientela nada tem a ver com a transgressão.

Haveria hoje, assim sendo, um esgotamento da verve provocadora, em sociedades nas quais as escolhas e os equilíbrios se fariam menos entre a norma e a transgressão do que entre o mercado e o bom ou mau gosto suposto da maioria? As coisas, certamente, são bem mais complexas, mas essa interrogação confirma indiretamente que qualquer pesquisa de história cultural sobre o tema da provocação desemboca mais amplamente na questão do laço social no seio de um determinado grupo humano, e dos elementos que o tecem e fortalecem, ou, pelo contrário, o afrouxam e rompem.

CAPÍTULO V

"Johnny", um lugar de memória?

Há já vários anos agora, a turnê musical *Âge tendre e tête de bois* [Tenra idade e cabeça dura] é um sucesso, tendo reunido centenas de milhares de espectadores. Semelhante êxito intriga tanto mais pelo fato de não se tratar de um produto derivado de um programa de televisão de sucesso e de que, além do mais, suas vedetes têm mais de 65 anos e nenhuma delas conheceu realmente um retorno de notoriedade midiática fragoroso. Intriga também em razão da idade do repertório: este, no geral, remonta[16] ao segmento cronológico 1960-1965, ou seja, a cerca de meio século atrás.

As rugas musicais

A explicação de semelhante sucesso pode ser declinada de diferentes maneiras. A primeira é a mais banal, mas decerto a mais importante: o aumento da expectativa de vida acompanhou, em tempo real, a existência dos *baby-boomers* adolescentes nos anos 1960, e essa concomitância resulta na presença de sexagenários quase tão numerosos quanto o foram, de início, esses *baby-boomers,* e estes, chegados ao limiar da terceira idade, comungam na nostalgia de um ambiente musical que foi então pregnante a tal ponto que se tornou identitário. Essa melancolia foi habilmente canalizada por um empreendedor de espetáculos que soube também utilizar a volta

---

[16] Ou remontava, pois, em razão precisamente do sucesso encontrado, o produtor ampliou o repertório aos anos 1970, para estender a faixa de público afetada. Globalmente, no entanto, a turnê conservou sua identidade cronológica inicial.

ao palco de cantores e cantoras que não queriam outra coisa senão tirar proveito dessa última comunhão com um público que não os esquecera: a fonte da juventude funciona aqui nos dois sentidos.

Essa primeira explicação é, por certo, a mais globalizante, mas não explica tudo, pois não estamos apenas diante de uma espécie de memória sonora geracional ao mesmo tempo invasiva e restrita. Na verdade, há bem mais aqui do que rugas musicais num corpo social essencialmente plurigeracional e que ligaria, no fim das contas, muito pouco para isso; é antes um verdadeiro efeito de resiliência cultural que podemos detectar no seio desse corpo social.

Certamente, é preciso observar de saída que esse tipo de zona de sombra midiática se tornou corrente nas sociedades contemporâneas, por duas razões técnicas sobrepostas: a proliferação da imagem e do som, transformados em expressão e vetor culturais dominantes, e a capacidade de estocá-los e, portanto, de voltar a difundi-los décadas depois. Imagem e som adquiriram, assim, ao mesmo tempo uma força de impacto e uma capacidade de voltar à tona, e são, por isso, produtos culturais de duplo efeito, direto e diferido: muitas emissões televisivas exploraram assim o filão da imagem televisionada e reciclada, transformando o espectador em "filho da TV", cuja educação e socialização se operou, ou se teria operado – a distinção é essencial, mas faz passar do macro ao micro – em parte sob o signo e pelo intermédio da telinha. Mas, precisamente, o fenômeno da turnê *Âge tendre et tête de bois,* apesar deste título que deriva de um programa de televisão dos anos 1960, faz eco a um período em que essa telinha ainda não estava no coração das práticas culturais. O fenômeno "iê-iê-iê" e o episódio dos ídolos da canção foram, na época, o produto do rádio e, de resto, muitos lares franceses ainda não gozavam naquele momento de televisões. Bem mais, e apesar dessa deficiência de pertencer assim a uma época pré-televisão, o efeito de presença da música da faixa etária dos *baby-boomers* é muito mais maciço que aquele dos sons de períodos posteriores. É preciso, portanto, buscar em outro lugar a explicação desse efeito de presença. Se ela não é televisual, a explicação, globalmente, permanece cultural. O efeito de presença não foi colocado, na verdade, sob o signo da intermitência – um impacto, algumas ressurgências cronologicamente esparsas –, mas de uma permanência. As letras e as melodias dos *baby-boomers* nunca deixaram totalmente a frente do palco, e, quando passaram para os bastidores, era apenas para trocarem de figurino. Somente a morte ou os desmembramentos de grupos musicais puderam, de fato, acarretar uma partida sem volta. O par musicalmente estruturante formado pelos Beatles e os Rolling Stones fornece assim uma prova implícita disso. Estes atravessaram o tempo, e o rebolado do sexagenário Mick Jagger fornece, a custo módico, a toda uma geração, o sentimento de que não envelheceu tanto. Inversamente, se os Beatles sobreviveram individualmente à ruptura do grupo, e se os anos 1970 assistiram ao desabrochar das carreiras individuais de John Lennon e Paul McCartney, a morte do primeiro e o fato de que o segundo tenha tocado a seguir novas gerações com novas composições tiraram do grupo inicial seu estatuto de emblema geracional – para adquirir, é verdade, um estatuto bem mais invejável de mito da segunda metade do século XX. Mas, já perto dos 70 anos, Paul McCartney recentrou o repertório de suas turnês em suas obras de juventude, voltando a ser, assim, um Beatle: para existir fora do mito, é preciso reencontrar o público de antes da constituição do mito.

O homem das metamorfoses

O par Beatles – Rolling Stones, com sua presença contrastada mas maciça há quase meio século é, evidentemente, o produto de dois fenômenos concomitantes de que os anos 1960 foram a matriz: ao longo dessa década, a cultura de massa, progressivamente recentrada na imagem e no som depois de ter se concentrado por décadas no papel, começa a se dilatar em dimensões planetárias, principalmente em sua variante anglo-saxã, graças à influência das mídias de além-Atlântico. O parêntese inglês, ele próprio, volta a se fechar quando certos grupos *pop* ingleses adquirem, pela amplificação americana, uma dimensão mundial. Na França, de resto, na mesma época, por volta da metade da década, o fenômeno "iê-iê-iê" perde o fôlego, quando essa forma aculturada da música anglo-saxã parece ultrapassada aos olhos de uma juventude francesa que se abriu, nesse ínterim, aos ventos dessa cultura *pop* de origem. A hora de Johnny Hallyday passou.

E, no entanto, essa irradiação do roqueiro francês vai continuar por meio século e, se existe um sintoma do efeito de resiliência dos gostos dos *baby-boomers,* só pode ser o dessa estrela aparentemente morta por volta de 1970-1975 que continuará a luzir por meio século. Os membros dessa geração, queiram ou não, têm todos alguma coisa neles de "Johnny", e o impuseram, por vezes de maneira totalmente inconsciente, a gerações mais jovens que receberam, indiferentes ou zombeteiras, o ídolo dos jovens como herança cultural.

Retomando. No começo, houve *Salut les copains* e sua figura tutelar, Johnny Hallyday. Lançado para frente do palco desde o início dos anos 1960, ele adquire imediatamente, ao mesmo tempo, um estatuto de vedete e uma espécie de virtude encarnativa: "ídolo dos jovens", ele é ao mesmo tempo seu arquétipo. Que jovens? O espectro é aqui bastante amplo: nascido em 1943, e cantor de rock aculturado[17], "Johnny" seduz tanto aqueles que lhe são contemporâneos quanto um público mais jovem. Em outros termos, o jovem "jaqueta preta", nascido por volta de 1940, constitui o chão desse público potencial: entre os mais velhos do que ele, muitos consideram Hallyday uma pálida cópia de cantores anglo-saxões como Gene Vincent ou o primeiro Elvis Presley, e preferem, por exemplo, um Vince Taylor ou um Moustique, que cultivam de bom grado a pose do rebelde. Mas, como o oco na carreira de Johnny Hallyday só intervém em 1966, este seduz também os jovens adolescentes na

---

[17] Cf., a esse propósito, o excelente livro de Yves Santamaria, Johnny. Sociologie d'un rocker [Johnny. Sociologia de um roqueiro]. Paris: La Découverte, 2010.

faixa dos 12 ou 13 anos nessa data. Delineia-se assim um segmento demográfico potencial bastante amplo dos nativos dos anos 1940 a 1953; os *baby-boomers*, portanto, mas também aqueles um pouco mais velhos do que eles.

Bem mais, desde esses anos 1960, a cultura jovem vai subverter a cultura dos adultos, e o caso Hallyday funciona aqui como um papel químico; tanto é verdade que a notoriedade do jovem cantor se estende rapidamente a outros setores da sociedade francesa que não só a camada dos *baby-boomers*.

Na verdade, por múltiplos canais, é a cultura de massa dos adultos que se verá impregnada pelas correntes vindas do planeta "SLC",[18] Hallyday tornando-se um dos agentes dessa capilaridade. Assim, os dois principais títulos da imprensa sensacionalista, *France Dimanche* [França Domingo] e *Ici Paris* [Aqui Paris], logo colocam o ídolo e os outros "amigos" e "amigas" em suas fisgadoras primeiras páginas: desde 1963, os números de *Ici Paris* de 17 de julho e de 24 de setembro insistem na "terrível decepção de Johnny Hallyday" e na "enorme angústia de Petula Clark". Dada a tiragem dessa imprensa e o caráter popular de seu leitorado, a inseminação operada é rápida e profunda. Assim como é importante o papel de mediação desempenhado pela imprensa do coração. Quando *Nous deux* [Nós dois] publica, em abril de 1964, em seu número 882, a primeira fotonovela tendo por personagem central uma vedete, é de novo o jovem cantor que passa do palco ao estúdio, sob o título "La belle aventure de Johnny" [A bela aventura de Johnny]. Bem mais, esses meados dos anos 1960 são o momento do desenvolvimento acelerado da imprensa sobre a televisão. Além do sucesso avassalador de *Télé 7 jours* [TV 7 dias], que se torna rapidamente um dos semanais de maior tiragem, observa-se, em janeiro de 1966, o nascimento de *Télé Poche* [TV de Bolso], que logo se torna o segundo título, em matéria de venda, no seio desse tipo de imprensa. Ora, além de seu pequeno formato, sugerido por seu título, o traço distintivo

---

[18] Sigla de *Salut les copains*. (N.T.)

dessa revista é a inserção de fotonovelas em que serão apresentados, por vezes, cantores "iê-iê-iê". Até o cinema é afetado de leve então pela onda "iê-iê-iê". Apenas de leve, pois, com raras exceções, não chegará a haver um cinema feito especialmente para os *teenagers*. Johnny Hallyday atua ao lado de uma principiante, Catherine Deneuve, em *Les Parisiennes* [As parisienses], e uma das canções do filme, *Retiens la nuit* [Detenha a noite], se tornará um de seus grandes sucessos.

No fim das contas, Johnny Hallyday se instala rapidamente no universo cotidiano dos franceses de todas as idades. E o faz com ainda maior facilidade na medida em que tranquiliza os mais velhos: em 1964, ele cumpre suas obrigações militares e desposa Sylvie Vartan. Seria este começo de respeitabilidade que o teria feito subitamente envelhecer? Mais prosaicamente, na verdade, sua capacidade encarnativa se embota numa França da segunda metade dos *sixties*, em que os sons e as vibrações vindos de outras partes se fizeram ainda mais densos e em que as versões aclimatadas têm dificuldade de se manter na moda. *Les élucubrations* de Antoine, grande sucesso de 1966, evocam a pílula e escarnecem de Hallyday, que devia estar "numa gaiola do circo Medrano". O papel químico do espírito do tempo mudou, e "o ídolo dos jovens" está agora na defensiva. Ele responde, de resto, explicitamente a Antoine em *Cheveux longs, idées courtes* [Cabelos longos, ideias curtas]. No momento em que esse espírito do tempo começa a se politizar e a contestação a inchar, a estrofe central da canção de Hallyday toma explicitamente o contrapé: *"Crier dans um micro: je veux la liberté / Assis sur son derrière avec les bras croisés / nos pères et nos grand-pères n'y avaient pas pensé / Sinon combien de larmes et de sang evités"* [Gritar num microfone: quero a liberdade / sentado em seu traseiro com os braços cruzados / nossos pais e avós nunca pensaram nisso / senão, quantas lágrimas e sangue evitados]. Sem sobredeterminar o sentido da disputa, convém sublinhar seu embasamento sociológico. O estudante – da Escola Central de Paris – Antoine agrada acima de tudo à juventude colegial – ou universitária – e urbana, e parece que os jovens rurais e, através deles a França profunda, ficaram desorientados com o *"beatnik"* cabeludo. Sintoma disso foi a agressão sofrida por Antoine e seus músicos, na Córsega, por parte de alguns jovens vindos dos vilarejos vizinhos, numa noite que acabou brutalmente. Foi só alguns anos mais tarde que estes músicos, reaparecendo com o nome *Charlots* [Os Carlitos], cultivaram um humor mais grosseiro e obtiveram uma real notoriedade: os cabeludos tinham se reconvertido ao cômico burlesco.

Johnny Hallyday, por seu lado, não permaneceu muito tempo na contracorrente. Já a partir do ano seguinte, seus cabelos ficam mais compridos e ele faz seu caminho de Damasco para... São Francisco e seus *hippies*. No outono de 1967, com efeito, ele adapta um sucesso de Scott Mackenzie vindo da costa oeste dos Estados Unidos sob o título *"Si vous allez à San Francisco"* [Se você for a São Francisco]. A canção inteira se banha na atmosfera *hippie* e as aparições do cantor na TV atestam a mudança operada em relação à época, no entanto próxima, de "cabelos longos, ideias curtas": Johnny entrara na era do *Peace and Love*. Em São Francisco, cantava ele, "vous y verrez des gens que j'aime bien. Vous les verrez des fleurs dans les cheveux" [você verá pessoas de que gosto. Você as verá com flores nos cabelos], e, acrescentava mais adiante, "L'amour brûlant dans leurs yeux" [com o amor ardendo em seus olhos]. Três anos depois, uma canção escrita por um jornalista apaixonado pelos Estados Unidos, Philippe Labro, o fará proclamar: "Jésus-Christ est um *hippie*" [Jesus Cristo é um *hippie*].

Um doutor Fausto da era midiática

Nesse ínterim, Hallyday voltara ao topo das paradas de sucesso em 1969 com *Que je t'aime* [Como te amo], e sua carreira, a partir de então, será à imagem dessa segunda metade dos anos 1960: irregular como os dentes de um serrote e com um real talento de camaleão. Cometeríamos, de fato, um anacronismo imaginando uma carreira uniforme e no zênite ao longo de todos os quarenta anos que se seguiram: o cantor teve altos e baixos e uma notoriedade assim intermitente não permitiu que se tornasse, propriamente, um "ídolo" das gerações sucessivas. Embora algumas de suas canções posteriores tenham emplacado e passado a fazer parte de uma cultura de massa mediana que veiculou, através das décadas, canções de sucesso, e embora, desde os anos 1990, um hábil *marketing* tenha refeito do cantor, já sexagenário, uma vedete da cena cultural francesa, a questão permanece: por que semelhante longevidade, apesar dos percalços, longevidade que, só ela, de resto, permitiu essa glória crepuscular?

Glória crepuscular e longevidade, na verdade, derivam do mesmo processo: Johnny Hallyday, com o tempo, se tornou um lugar de memória. Depois de ter anunciado, em 6 de outubro de 2008, no *Zénith* de Saint-Étienne, que a "Tour 66" encerraria meio-século de carreira, essa turnê – cujo nome é ao mesmo tempo uma alusão a sua idade e uma referência cultural à mítica estrada americana – reunirá por meses a fio dezenas de milhares de espectadores grisalhos, aos quais seu ídolo parece poder, a cada noite, fazer esquecer sua idade. Espantoso doutor Fausto da era midiática, cuja eterna juventude tranquiliza, mas também Doctor Jekyll e Mister Hyde, cujos escândalos fazem vender – Optic 2000, ou uma geração inteira na idade da presbiopia – até o momento em que se tornam fissuras no estrondo de uma turnê interrompida por razões de saúde.

O caso Hallyday, olhando bem, é um enigma. Ele acompanhou a geração dos *baby-boomers* por toda sua vida, mas como simples marcador musical e sem nenhum outro eco além de um barulho de fundo. Raramente uma personalidade cultural transmitiu tão pouco, explícita ou implicitamente. A barreira, no entanto, não foi a das palavras, já que uma parte de sua audiência partilhava os mesmos códigos e falava a mesma linguagem, a ponto de se identificar com ele. Contudo, por uma espécie de paradoxo, esse portador de sons permaneceu mudo, até se tornar, como o "*ptyx*" de Mallarmé, um abolido bibelô de inanidade sonora. Suas únicas tomadas de posição política se deram durante algumas campanhas presidenciais: de Valéry Giscard d'Estaing em 1974 a Nicolas Sarkozy em 2007, um terço de século decorreu. Nada dá conta melhor desse paradoxo do que aquela espécie de velório televisionado, durante vários dias, nos degraus de um hospital californiano, quando o cantor foi colocado num coma artificial. Uma fachada de concreto, alguns visitantes procurando ser vistos, os funcionários do hospital espantados com tamanha agitação à volta de um doente desconhecido fora de seu país. O lugar de memória, na verdade, é ao mesmo tempo marcado geracionalmente e enraizado nacionalmente. Se seu nome de guerra reflete os inícios da globalização – um Jean-Philippe que vira Johnny –, a encarnação é, no entanto, inteiramente francesa-para-franceses. No mesmo ano da tempestade midiática universal ao redor da morte de Michael Jackson, o eco de sua Tour 66 interrompida fica confinado ao hexágono, mas aí reflete a marca profunda de uma geração que pode ainda impor suas glórias declinantes, e logo claudicantes, a todo o corpo social.

Restam, de fato, não poucas rebarbas de "amigos" em todos os setores do corpo social quase 50 anos depois das tão ricas horas de "SLC", inclusive, de resto, na classe política. Quando o primeiro ministro Jean-Pierre Raffarin cantarola *Que je t'aime* na última reunião do RPR[19] em Villepinte, em setembro de 2002,[20] há aí uma maneira singular de se pavonear, assim como Nicolas Sarkozy realiza uma de suas aparições de campanha eleitoral na Camarga, na primavera de 2007, e cantarola ali *Pour moi la vie va commencer* [Para mim a vida vai começar], enunciado que tem a ver com a circunstância, mas, sobretudo, canção do filme *D'où viens tu Johnny?* [De onde você vem, Johnny?], que Johnny Hallyday filmou na Camarga em 1964. Há aí, por certo, uma forma de reverberação que as gerações precedentes não conheceram e, sobretudo, não impuseram a seu redor. E essa reverberação explica porque os

---

[19] Rassemblement pour la République, algo como União pela república, partido gaullista fundado por Chirac em 1976 e dissolvido em 2002. (N.T.)

[20] *Le Journal du Dimanche*, 22 set. 2002, p. 4.

primeiros sinais da idade assumem nesses *baby-boomers* a aparência de rugas musicais, na turnê *Âge tendre et tête de bois* ou na *Tour 66*.

Um portador de mito

Resta a questão essencial. Qual é a memória que surge assim, ou, mais precisamente, do que essa memória encarnada é o reflexo? A volta às origens é, por certo, um tanto banalmente, uma procura pela juventude, mas essa busca do tempo perdido não é apenas a do tempo biológico decorrido, e sim, bem mais profundamente, a de um mundo desaparecido: a França de antes da grande mutação. O historiador, na verdade, para dar conta dos fenômenos que estuda, deve analisá-los em diversas temporalidades de uma só vez, pois esses fenômenos são sempre o produto de jogos de escalas cronológicos. Assim, se o lugar de memória Hallyday existe, não é apenas como caixa de ressonância e câmara de eco de um segmento cronológico relacionado ao tempo curto de uma década ou mesmo de meia década. O processo de eco e ressonância deve também ser analisado no tempo longo das grandes mutações antropológicas. Johnny Hallyday, sob esse aspecto, é um morro testemunho do "mundo anterior" à virada antropológica do período 1965-1985. Mais do que um motor ou um símbolo dessa grande metamorfose, ele permanece um contemporâneo da época do general de Gaulle e um ator de uma história pré-Maio de 1968.

Por que, então, essa remanência e essa ressonância? Um morro testemunho, de fato, geralmente não é mais do que o vestígio de uma paisagem morta: mais do que de um lugar de memória, trata-se, nesse caso, do relevo petrificado de um mundo desaparecido. Mas, precisamente, no caso do ex-ídolo dos *sixties*, a metáfora que convém não é a do morro testemunho e sim a do relevo rejuvenescido. Aparentemente, tudo deveria ter feito "Johnny" desaparecer ao longo da década seguinte, grande período de reciclagem musical: o *rock* é subvertido pelo *hard rock*, enquanto as vedetes da *pop music* envelhecem prematuramente diante do fenômeno *punk*. Os clones europeus dos monstros sagrados anglo-saxões só podiam sentir intensamente, eles também, semelhantes mudanças de dinastias. Hallyday, aliás, entrou então progressivamente em ostracismo.

Ou, antes, em hibernação. A cultura de massa sonora, de fato, é uma cultura viva, no sentido de que é estocável, e suas figuras de proa são estocadas com ela, sob a condição, é claro, de que tenham adquirido antes suficiente irradiação para sobreviver à crioconservação. Esta protegeu e perpetuou o *Hibernatus*, mas este, quando veio o tempo do renascimento, não tinha sido conhecido, entrementes, pelas gerações intermediárias. Sua reaparição concerniu, em primeiro lugar, à geração que, nesse ínterim, envelhecera, mas conservara os traços distintivos da França de antes. No censo de 1968, por exemplo, o mundo operário representa 39,2% da população ativa. Bem mais, nesse fim dos anos 1960, apenas 20% de uma faixa etária termina o ensino médio. O momento Hallyday se enraíza, na verdade, em um tufo socioeconômico específico, mas que, ele também, logo será varrido. Desde o censo seguinte, em 1975, o setor terciário passa a representar 51% dos ativos e, ao longo da década seguinte, um Ministro da Educação Nacional sonhará em voz alta levar 80% de uma faixa etária a concluir o ensino médio. Mas, ao mesmo tempo, os *baby-boomers* não são mais então do que quadragenários e ainda constituem o coração sociológico da comunidade nacional. Seus filhos não são mais operários, mas tampouco estão necessariamente ativos; são em maior número diplomados, mas não necessariamente em ascensão social. E quando vier, vinte anos depois, o tempo dos netos, estes nascerão num mundo do crescimento econômico devagar quase parando e dos dilaceramentos sociais nunca realmente recosturados. A *Tournée 66* e aquela de *Âge tendre et Tête de bois* refletem, em contraste, o tempo parado antes da grande mutação e mesmo, enquanto dura um show, o tempo reencontrado. E a assimilação com Johnny Hallyday se faz ainda mais facilmente, visto que este, durante todo esse período, não passou nenhuma mensagem nem mudou de linguagem: apesar do peso das décadas, ele permaneceu igual, fora do tempo e, por isso mesmo, principalmente ligado ao tempo que o fez rei.

Os *baby-boomers*, portanto, não mostram apenas, por todas as razões evocadas acima, sua capacidade de saturar o espaço musical contemporâneo com sua nostalgia. A esta, alguns deles acrescentam, conscientemente ou não, uma virtude taumatúrgica: suspender o tempo que passa e até, pelo espaço de um momento, inverter seu curso. As estrelas da cultura de massa são, o mais das vezes, personagens, senão do instante, ao menos do presente. Mas, por uma alquimia complexa, alguns se tornam, com a idade, atravessadores para uma espécie de Eldorado, ligando-se assim ao mito entendido como uma deformação da realidade histórica transformada em verdade coletiva. Mais do que mito em si mesmo, Johnny Hallyday é, de fato, alguém que carrega um mito, aquele de uma França dos anos 1960 que teria sido o parêntese encantado de nossa história nacional.

CAPÍTULO VI

"O 10 de maio" de 1981 não acontecerá

"A política são ideias", escrevia em 1932 Albert Thibaudet em *Les Idées politiques de la France* [As ideias políticas da França]. Isso equivaleria a dizer que a alternância política de 1981 foi, em primeiro lugar e acima de tudo, a vitória de um campo ideológico sobre outro e que "o 10 de maio" se tornou uma expressão genérica – ao menos para os franceses de mais de cinquenta anos – porque uma concepção do mundo se sobrepôs a outra nesse dia? Formulada assim, essa análise oferece a quietude geométrica dos jardins à francesa, e a perspectiva tranquilizadora de uma paisagem política onde cada coisa está em seu lugar. Se alguns acrescentam, das fileiras da esquerda, que a luz sucedeu então à sombra, essa paisagem conserva ainda por cima uma simplicidade binária, quase ontológica, apenas, se podemos dizer, com uma vertente ensolarada transformada em vertente sombria e, portanto, uma mudança de lugar do astro solar.

Olhando bem, no entanto, o historiador não pode se contentar com semelhantes visões cuja limpidez, na verdade, dissimula o caráter multiforme do acontecimento "10 de maio". Por certo, essas visões prevaleceram naquele momento e sabemos que, tanto quanto a realidade objetiva, é sua percepção pelos contemporâneos que é o motor da história e que não é possível, por esta razão, fazer abstração dela quando vem o tempo da análise. Ao mesmo tempo, é verdade, essa realidade foi singularmente mais complexa e se furta a qualquer explicação simplificadora. Bem mais, "o 10 de maio" é um dos acontecimentos da história nacional em que a distância foi maior entre a percepção binária, e portanto simplificadora, que dele tiveram muitos contemporâneos – à esquerda, luz contra sombra, à direita vitória do outro campo graças à traição de alguns – e a complexidade real do episódio, quando se tenta lhe atribuir todo seu sentido. Poderíamos até sustentar que esse episódio da história francesa, que se impõe por sua importância – uma alternância política de grande porte, esperada, além do mais, havia quase um quarto de século – poderia não ter ocorrido, tanto as condições para sua realização não estavam necessariamente todas reunidas. Uma visão à Giradoux dessa distância poderia quase levar a escrever: "o dez de maio" não acontecerá. Semelhante constatação de imprevisibilidade acarreta outro aspecto essencial da vitória da esquerda em 1981: esta é prenhe de contradições, entre as quais algumas aparecerão já nos meses seguintes, enquanto outras contribuíram para modelar a França do fim do século passado. A política, no fim das contas, não é constituída apenas pelo choque das ideias na ágora. É mais amplamente a Cidade, no sentido do ser-junto, que é sua sede, e nela se enlaçam todos os aspectos da vida em sociedade, que raramente se deixam reduzir à claridade tranquilizadora das explicações maniqueístas. Se entendemos a palavra mito como uma deformação da realidade que se torna, no entanto, realidade coletiva, "o 10 de maio", entendido como resultado lógico de um processo irresistível, é realmente um mito, e o acontecimento, por sua densidade, merece mais do que semelhante estatuto.

O campo de falhas

Olhando bem, não houve uma irresistível ascensão de François Mitterrand e do PS no final dos anos 1970, de que a vitória de 10 de maio de 1981 teria constituído o resultado lógico e, portanto, previsível. Por certo, e voltaremos a isso, os socialistas franceses conheceram ao longo dessa década um processo de revivescência forte e duradouro, em sintonia, além do mais, com a evolução da sociedade francesa, mas três outros parâmetros entravaram ao mesmo tempo esse processo. Fermentos de divisão estão ativos no seio da esquerda francesa; além disso, o contexto ideológico é bem pouco favorável a uma vitória dessa esquerda bastante dividida; finalmente, esta parece mal armada para enfrentar uma crise econômica cuja intensidade redobra a partir de 1979.

Nesta data, de fato, a União da esquerda não é mais o que era. Dois acontecimentos maiores tinham, no entanto, marcado a primeira metade dos anos 1970, ambos apontando no sentido de um fortalecimento global da esquerda francesa em sua relação de forças com o campo no poder desde 1958, e de uma melhoria de sua estrutura endógena: em junho de 1971, o PS saíra todo montado das ruínas da antiga SFIO [Seção Francesa da Internacional Operária], desaparecida em 1969, e, um ano depois, um programa comum de governo entre socialistas, comunistas e radicais de esquerda fora assinado. A dinâmica da união parecia em marcha a partir desse momento. As vitórias quase obtidas na eleição presidencial de 1974, assim como nas legislativas de 1978, tinham parecido, de resto, marcar essa união com o selo do sucesso e anunciavam amanhãs eleitorais promissores.

Salvo que, entrementes, as forças centrífugas, subjugadas num primeiro momento, tinham sido reativadas e, a partir de então novamente operantes, adquiriram uma intensidade ainda maior por terem como alvo o que fora obtido não apenas em 1971 mas também em 1972: o vigor reencontrado dos socialistas, portanto, assim como sua aliança com os comunistas. Essas forças centrífugas foram deslanchadas por uma espécie de efeito histórico perverso. Uma vitória nas eleições legislativas de 1978 se tornara, de fato, uma perspectiva razoável, ao menos digna de ser levada em conta, depois dos bons escores obtidos pela esquerda nas eleições municipais do ano anterior. Mas semelhante perspectiva despertou a desconfiança do PCF e, desde o verão de 1977, o verme já estava na fruta da União da esquerda. Bem mais, a não-vitória de 1978, longe de amenizar o problema, complicou ainda mais a situação. No seio do PS, de fato, a posição de François Mitterrand ficou abalada, dando ensejo a um duelo interno entre este e Michel Rocard, duelo que teve seu ponto alto no choque frontal do congresso de Metz, em abril de 1979. A dupla fratura no seio da esquerda francesa transformava esta, nesse fim de década, num campo de falhas, que corria o risco a todo momento de se tornar um campo minado para os candidatos oriundos dessa parte da paisagem política.

Além disso, embora o 10 de maio tenha sido, e voltaremos a isso, um movimento de opinião, ele não foi portado por uma forte corrente ideológica. Bem pelo contrário, a vitória da esquerda sobreveio, neste plano, em plena falência. A sequência 1975-1981 foi, sob esse aspecto, essencial. Quando, em 1978, Jean-Claude Guillebaud fala de "anos órfãos", ele descreve um processo já bem adiantado: a partir da metade da década, o meio dos intelectuais de esquerda, aliás multiforme, se vê progressivamente despossuído de seu substrato ideológico, em intensa erosão, e de seus grandes combates. A península indochinesa, especialmente, mal três anos após as transformações políticas internas da primavera de 1975 no Vietnã e no Camboja, torna-se, através do drama dos *boat people*, um cemitério marinho para os grandes engajamentos anteriores a favor de Hanói e do Vietcongue. E os barcos ali despachados simbolizam a passagem que as grandes causas humanitárias constituem nessa época: na impossibilidade de abater o capitalismo, a compaixão e a atenção prestadas aos oprimidos encontram um novo domínio, senão de luta, ao menos de ativação. Ainda mais que a descoberta, incontornável a partir de 1979, do autogenocídio cambojano aumenta brutal e tragicamente esse domínio. Ao mesmo tempo, a etiqueta antitotalitária, termo suficientemente plástico para ser usado extensivamente, parece transcender direita e esquerda e fundir ambas num combate comum. Certamente, não é o que acontece, mas a fortuna do termo e a copropriedade que o caracteriza constituem um sinal dos tempos: as esquerdas intelectuais estão perdendo sua posição dominante.

Bem mais, o período 1979-1981, menos espetacular nas ondas de choque registradas do que os quatro anos precedentes, acelerou o processo de degradação das posições dessas esquerdas: não somente elas tinham perdido a hegemonia ideológica que tiveram ao longo das décadas do pós-guerra, mas inclusive sua dominação dos inícios da Quinta República passa a não ser mais do que uma lembrança. No fim dos anos 1970, o crescimento da "nova direita", uma extrema direita intelectual na verdade, inimaginável alguns anos antes, é o sinal de que esse déficit à esquerda está criando uma corrente de ar. Mesmo assim, essa eflorescência da "nova direita" permanece marginal e aparece mais como um sintoma do que como um crescimento profundo, sendo o deslocamento das massas ideológicas perceptível sobretudo na ascensão do pensamento liberal, de que a glória vesperal de Raymond Aron é então o sinal mais diretamente visível.

Aí está, portanto, no fim das contas, um dos paradoxos maiores do 10 de maio de 1981: a vitória política sobrevém para a esquerda no mesmo momento em que a direita liberal navega de vento em popa. Semelhante constatação, além de desmentir uma visão meio gramsciana de uma supremacia metapolítica como condição preliminar para uma vitória política, convida a relativizar o alcance ideológico desse 10 de maio. Não houve, por conta da vitória, uma nova reviravolta nesse domínio, depois daquela que interviera na segunda metade dos anos 1970. De certa maneira, de resto, e ainda aí de forma paradoxal, esse recuo da esquerda ideológica acabou favorecendo a vitória de François Mitterrand: ele desarmou, de fato, aos olhos de um eleitorado moderado ou centrista, a eventual nocividade da esquerda como um todo; bem mais, no seio desta, a esquerda não comunista pôde reforçar suas posições aproveitando-se da onda antitotalitária, em detrimento do PCF. Mas a pane ideológica, se pôde ter, naquele momento, efeitos paradoxais e contribuir assim indiretamente para o sucesso da esquerda socialista, era portadora de enormes contradições.

Ainda mais que a rivalidade no seio do PS entre 1978 e o fim de 1980 encerrou François Mitterrand num discurso que derivava mais das lutas politiqueiras do que de uma análise razoável dos problemas econômicos do momento, entretanto cruciais. No momento em que a "segunda esquerda", que Michel Rocard personalizava, tentava delinear uma resposta a esses problemas, situada principalmente sob o signo da modernidade e da herança mendesista,[21] essas lutas politiqueiras congelaram François Mitterrand na pátina de um discurso em parte desconectado da realidade presente, e foi todo o programa econômico da esquerda não comunista que sofreu os efeitos disso. Por um paradoxo apenas aparente, o homem das transformações sucessivas não operou, antes de chegar à magistratura suprema, a metamorfose que lhe teria permitido ao mesmo tempo conquistar o poder e exercê-lo com análises forjadas não no seio dos Trinta Gloriosos, deixados para trás desde 1974-1975, e sim no fogo da crise que acarretara sua desaparição.

Uma tão longa espera

Se, portanto, não houve um irreversível percurso de François Mitterrand ao longo dos anos que precederam sua vitória, isso quer dizer que esta interveio por acaso, lance de dados que teria finalmente dado certo após duas tentativas infrutíferas? Passar de uma concepção teleológica do "10 de maio" a essa visão puramente aleatória do acontecimento, em que o destino histórico, após ter hesitado numa França politicamente cortada em dois, teria finalmente pendido para a esquerda, seria tão absurdo quanto a análise inversa. Existe, de fato, uma série de fatores cuja importância é difícil hierarquizar, mas que, em feixe, inegavelmente constituíram um processo desencadeador.

Não nos deteremos aqui no conjunto desse feixe, mas recordaremos que semelhante processo só pode ser analisado se o

---

[21] Adjetivo que remete aos posicionamentos (de esquerda) do político Pierre Mendès France (1907-1982). (N.T.)

recolocarmos num contexto histórico cujo primeiro elemento poderia parecer de uma enorme banalidade histórica se não nos lembrássemos de que, em história, a intensa banalidade de um parâmetro é o reflexo de sua importância e de sua densidade que, impondo-se a todos, tornam-se tão evidentes que, paradoxalmente, escapam ao olhar do pesquisador. A síndrome da carta roubada, oferecida à visão e por isso mesmo inencontrável, é certamente uma das patologias correntes que ameaçam o historiador, especialmente na história do tempo presente em que a proximidade cronológica do acontecimento estudado leva ao apagamento de certos aspectos considerados demasiado evidentes, mas que, no entanto, permanecem fundamentais. Esse ponto quase cego para o 10 de maio de 1981 é o fato de que a eleição ocorreu no momento previsto e de que era a primeira vez que isso acontecia na Quinta República. Por certo, houve dezembro de 1965, sete anos depois do outono de 1958, fundador desta República. Mas o episódio permanece singular sob muitos aspectos, inclusive cronológicos: de fato, foi somente no terceiro trimestre de 1962 que a perspectiva de 1965 assumiu seu verdadeiro significado, o de um encontro entre um povo e uma eleição presidencial, em seguimento a uma emenda constitucional validada por um referendo ele próprio precedido por uma verdadeira batalha política travada por atores altamente hostis ao projeto. Se acrescentamos a presença, em 1965, entre os candidatos, da estátua do Comendador gaulliana, se recordamos a incerteza que reinou durante os três anos precedentes a propósito das intenções do general de Gaulle e se consideramos que a candidatura abortada de Gaston Defferre em 1965 colocara a esquerda e o centro, a seis meses da eleição, numa verdadeira situação de confusão, o escrutínio de dezembro de 1965 aparece na hora como uma espécie de ocorrência isolada na série das eleições presidenciais que escandirão e estruturarão desde então a vida política francesa. Que esta eleição tenha sido ao mesmo tempo fundadora não tira nada desse caráter singular, pelo contrário. Depois, 1969 e 1974 sobrevirão respectivamente com três e dois anos de adiantamento em relação à data prevista e, a cada vez, em condições inesperadas. Em outros termos, 1981 constitui o primeiro final de mandato que nada derrubou ou acelerou. As estratégias que, progressivamente, foram postas em prática, podem ter sido perturbadas por variáveis complexas, devidas aos jogos de aparelhos ou aos embates de personalidades, mas sem que, em definitivo, o fator tempo entrasse em jogo.

O tempo foi, portanto, dado ao tempo, e essa constatação, já importante em si mesma, acarreta diversos parâmetros essenciais aos quais, precisamente, esse tempo dilatado conferiu sua plena consistência. Três deles, especialmente, constituíram uma espécie de nó de afetos, alimentado por uma longuíssima espera de várias gerações de esquerda, revivificada pela decepção de 1974 e reativada por uma exasperação crescente ao longo da segunda metade do septenato de Valéry Giscard d'Estaing. Há aí um segundo elemento de análise sem o qual o "10 de maio" conserva sua parte de opacidade.

É sempre difícil para o historiador cernir e analisar esses afetos, precipitados instáveis e proteiformes, que não se traduzem diretamente em programas políticos e ainda menos em corpos doutrinários. Ao mesmo tempo, eles existem, e uma abordagem cultural do político tem que levá-los em conta. Assim, nesse fim dos anos 1970, o eleitorado de esquerda é constituído por várias gerações com passados políticos muitos contrastantes e com expectativas muito diversificadas. O que há de comum, por exemplo, entre um professor primário social-democrata que viveu dolorosamente a guerra da Argélia e um antigo esquerdista na faixa dos trinta, ainda não totalmente esquecido de suas aspirações revolucionárias atiçadas dez anos antes pelo brilho de maio de 1968? E o que podem se dizer, para além dos slogans políticos, o operário comunista cujo cotidiano foi transformado radicalmente pelos efeitos benéficos dos Trinta Gloriosos, mas que continua tendo a sensação de acampar às portas da Cidade, e o alto funcionário aspirado pela marcha conquistadora do PS e atento aos eventuais revezamentos por vir?

Pouca coisa, mas, na verdade, o essencial: uma tão longa espera, a de uma alternância política que, como uma linha de horizonte, está em seu campo de visão desde 1958 sem cessar de se esquivar. Há aí um campo para pesquisas quase antropológicas em que tudo ainda está por fazer, mas cujo caráter fundamental pressentimos: nessa França das primeiras décadas da Quinta República existe um verdadeiro empilhamento de aspirações e frustrações, de fogos mal-extintos e de esperanças incubadas, em que cada geração depõe, por sua vez, como aluviões, suas ilusões perdidas e suas convicções rearmadas, suas visões de mundo abaladas e então restauradas. O conjunto formado é necessariamente heteróclito, por vezes contraditório, mas constitui um caldo de cultura ao mesmo tempo que um campo de oposições de amplo perímetro. A esquerda de 1981? Um agregado de sensibilidades desunidas, portanto, que a data da eleição presidencial cristaliza e que o PS, rejuvenescido pela poda de 1971 e, portanto, em muito melhores condições de encarnar a modernidade do que o PCF, pode capitalizar amplamente.

Nesse sentido, convém sublinhar o papel e o talento de François Mitterrand nesse processo de capitalização. Por certo, a história reteve que a sagração de 1981 foi precedida por um longo percurso sinuoso e sinusoidal, cujos últimos episódios não tinham sido os mais tranquilos: a concorrência de Michel Rocard, apoiado numa real popularidade e numa diferença de idade que certamente não constituía para "o homem do passado" de 1974 uma fonte da juventude, quase colocara fim prematuramente à última mão que o chefe do PS se preparava para jogar. Mas, uma vez tirado do caminho esse concorrente, e apesar das sondagens pouco encorajadoras do início de 1981, o candidato Mitterrand demonstrou um talento manipulador inegável: a experiência adquirida ao longo da Quinta República pesou, e permitiu, ao longo dos meses seguintes, um verdadeiro trabalho de precisão que consistiu em dar consistência política a esse agregado de aspirações desunidas e se tornar sua encarnação. O homem de ação, que o líder socialista permanecera também, tirara daí uma espécie de segunda natureza: a arte de acomodar os contrários sem jamais proclamar que se está fazendo isso. No fim das contas, François Mitterrand soube ser o demiurgo da vitória de uma França que se vivia, desde 1958, como o avesso de um Hexágono elevado pelo crescimento conquistador dos Trinta Gloriosos e depois abalado por seu desaparecimento no coração dos anos 1970. A realidade certamente era mais complexa do que essa marginalidade sentida, mas essa espécie de função tribunícia face ao anverso gaullista e depois liberal desses Trinta Gloriosos era bem, no fim das contas, o reflexo e o produto de uma tão longa espera.

Esta, ainda por cima, fora atiçada pela decepção com a derrota apertada de 1974: havia ali um fenômeno de resiliência, e a energia assim acumulada desde 1958, bruscamente comprimida em 1974, só fez ganhar mais força cinética em 1981. A sagração de François Mitterrand foi também, sob este aspecto, o coroamento de esperanças por muito tempo contidas e finalmente realizadas. Aí também, semelhante efeito de resiliência é difícil de estudar para o historiador, tanto sua natureza é complexa e multiforme, exigindo o cruzamento de diversas ciências sociais. Mas o fato está aí: a decepção de 1974 constituiu um novo aguilhão para a longa busca das esquerdas francesas. De resto, compreendemos melhor assim a ressonância que puderam ter, no seio de esquerdas entretanto tão diversas, uma noção tão vaga quanto a de "povo de esquerda" e um slogan tão historicamente datado quanto o de "disciplina republicana".

Outra dose de reforço que estimulou ainda mais o sentimento de frustração foi aquela aplicada ao longo do septenato de Valéry Giscard d'Estaing e, mais precisamente, em sua segunda metade. Aí também é difícil definir com precisão sua natureza e faltam ao historiador palavras e ferramentas para analisar seu teor. Trata-se, na verdade, de um sentimento difuso de exasperação, em parte irracional, que foi num *crescendo* a partir de 1976-1977. Os primeiros alertas, sobrevindos a partir das eleições cantonais e depois municipais, assim como, em sua própria maioria, a guerrilha constante do RPR desde seu nascimento levaram Valéry Giscard d'Estaing a um brusco enrijecimento, em contradição com a "descrispação" proclamada, e àquela espécie de distanciamento altivo – ou percebido como tal – que frustrava as promessas de proximidade com "os franceses" feitas no início do septenato. A constatação desta exasperação seria, no fim das contas, anódina, se esta não tomasse, nesse fim dos anos 1970, uma significação particular. Trata-se, logo se vê, de uma batalha de imagem, mas no quadro de uma sociedade cada vez mais trabalhada por essas imagens e pelo som. Em outros termos, o *"fi"* ["dane-se"] um pouco distante que a postura e o tom do presidente parecem exprimir se torna então um fenômeno midiático, ainda que seja a imprensa escrita de esquerda quem o atiça e reativa quando preciso. O ataque é claramente de natureza política e a caixa de ressonância é midiática, e, em pouco tempo, dificilmente controlável. Na era da comunicação de massa, houve uma falha da parte do presidente e de seu círculo. De qualquer jeito, uma contraofensiva não teria sido fácil, tanto essa questão de imagem estava ligada a sentimentos dificilmente canalizáveis e se enraizava, como vimos, em vários estratos de impaciências e frustrações. Ainda mais que, como pano de fundo, a chegada da crise no mesmo momento tornou essa comunicação ainda mais difícil de gerir. Um fato histórico e um ensinamento político ficam portanto dessa época: uma exasperação desenfreada logo passa a se alimentar de seu próprio peso e, como uma inundação, pode invadir um mandato presidencial sem que seja possível represá-la ou escoá-la. No entanto, a hora ainda não era de indignação, sempre mais corrosiva, mas a exasperação, sentimento aparentemente menos nocivo para um poder estabelecido, somada à longa espera e ao efeito de resiliência de maio de 1974, carcomeu o poder giscardiano de tanto impregnar suas fundações.

O 10 de maio de 1981 não aconteceu?

Posto isso, a erosão de uma margem não reforça necessariamente a margem oposta. Foi mesmo o inverso que aconteceu. A desestabilização do fim dos anos 1970, de fato, não se devia apenas a esse déficit de imagem do presidente que estava saindo, ainda avivada pela crise econômica e social em curso havia vários anos. Muito mais amplamente, como vimos, essa virada de década foi o momento de uma crise ideológica profunda, que afetou até mais a esquerda do que a direita. Pois, embora a política não seja constituída apenas de ideias, estas nem por isso permanecem inertes no seio de uma sociedade. Nessa França do início dos anos 1980, elas reservaram ao "10 de maio" uma espécie de astúcia da História: o liberalismo em progressão vai inseminar uma esquerda em pane ideológica. Certamente, semelhante fenômeno de capilaridade foi lento e parcial, mas levou a este paradoxo: a "ruptura" anunciada não ocorreu com o capitalismo, como fora proclamado, mas com o substrato ideológico no seio do qual o socialismo francês dos anos 1970 conhecera seu renascimento. A "pausa" deloriana[22] desde o outono de 1981, a virada do "rigor" no curso dos dois anos seguintes, o pragmatismo fabiusiano[23] de 1984 a 1986, o "nem nem" mitterrandiano da campanha de 1988, tantas etapas de uma espécie de Bad-Godesberg sorrateiro do socialismo francês ao longo de todo o primeiro mandato presidencial de seu chefe histórico.

O paradoxo, neste sentido, não foi apenas ideológico, mas também político. Ao passo que os anos 1970 tinham visto a laminação progressiva do centro e que o início da década seguinte fora marcado por uma das eleições mais bipolarizadas da Quinta República, ao passo que, em outros termos, "o 10 de maio" tinha podido parecer o canto do cisne do centro político, este, sem renascer como uma verdadeira estrutura autônoma e forte, veio impregnar, senão inspirar, a esquerda não comunista, que se tornara nesse ínterim dominante sobre a metade da paisagem política francesa. A tal ponto que três eminentes universitários e intelectuais franceses publicarão, nesse ano de 1988, *La République du Centre*

---

[22] Jacques Delors foi o primeiro "Ministro da Fazenda" durante o governo Mitterrand. (N.T.)

[23] Laurent Fabius, hoje Ministro dos Negócios Exteriores do governo Hollande, foi Primeiro Ministro de 1984 a 1986. (N.T.)

[A República do Centro]. "O 10 de maio", um septenato depois, desembocou num socialismo descolorido ou, pelo menos, asseptizado? A evolução foi singularmente mais complexa, ainda mais que o livro de François Furet, Jacques Julliard e Pierre Rosanvallon pretendia dar conta da metamorfose do Estado-Nação França e não das vicissitudes do socialismo francês. E o que mais é, este último provavelmente ainda não tinha operado, no que dizia respeito a seu tecido conjuntivo militante, uma verdadeira transformação. Ele se encontrava antes, a partir de então, numa espécie de entre-dois ideológico, fermento de desestabilização, senão de esquizofrenia política, mais do que de *aggiornamento*. Essa metamorfose não fizera desaparecer os ornamentos ideológicos herdados das décadas precedentes, mas os transformara em ouropéis. Por certo, nem por isso o PS se tornara um espantalho, mas suas cores passadas, às quais se acrescentavam essas tintas ainda frescas, conferiam ao conjunto a aparência de um traje de Arlequim um pouco gasto, propício às crises de identidade ideológica que não cessaram, desde então, de aprofundar seus efeitos.

Esses trajes mal talhados e indistintamente coloridos eram aqueles de um partido que permanecia profundamente dividido quanto à relação com a economia de mercado. Alguns, em seu seio, pregando ou aceitando o *aggiornamento* sorrateiro, viam nele a oportunidade de uma modernização do socialismo e da legitimação do PS como partido de governo. Outros, ao contrário, o risco de uma perda de pureza política e de substância ideológica. Nesse sentido, "o 10 de maio", acontecimento vitorioso de um socialismo Janus, trazia em germe essa ambivalência e essas crises de identidade ideológica. Mais ainda, o "rigor" sobrevindo tão pouco tempo após a vitória, e bem antes do Bad-Godesberg decenal, constitui um marco essencial na história da Quinta República: se a própria esquerda, antes de reivindicar quase explicitamente a economia de mercado, proclamava assim o "rigor", é porque, *de facto*, não existia mais a partir de então qualquer alternativa à realidade da crise. Esta estava ali e não podia ser suprimida por decreto. "O 10 de maio", no final das contas, tanto quanto o ponto de chegada de uma tão longa espera, fora o fruto da crença nas virtudes mágicas do político.

Em 1982, nove anos depois do primeiro choque petroleiro, uma página estava definitivamente virada: nenhum partido de governo podia mais, na França, negar ou subestimar a existência ou a importância da crise. Outra era começava, marcada pela perda da magia do político e pela irrupção do princípio de realidade. "O 10 de maio", visto sob este ângulo, é a última data de nossa história próxima em que se pôde acreditar em políticos taumaturgos. E, como muitas vezes na história, uma data importante pode ocultar outra: 1982, à sua maneira, altera e digere 1981, marcando bem a segunda morte dos Trinta Gloriosos.

CAPÍTULO VII

A história política na hora do *"transnational turn"*: a ágora, a Cidade, o mundo... e o tempo

Desde os anos 1980, observou-se na França uma inegável revivescência da história política. Duas obras, separadas por dez anos, fornecem marcos esclarecedores disso: *Pour une histoire politique* [Por uma história política] (1988), sob a coordenação de René Rémond, e *Axes et méthodes de l'histoire politique* [Eixos e métodos da história política] (1998), organizada por Serge Berstein e Pierre Milza. A identidade profissional desses três mestres de obras certamente é sintomática do papel desempenhado nessa revivescência, ao menos no que diz respeito à história contemporânea, pelo *Institut d'Études Politiques de Paris* [Instituto de Estudos Políticos de Paris] e pela *Fondation Nationale des Sciences Politiques* [Fundação Nacional de Ciências Políticas]: o Janus bifronte *Sciences Po* [Ciências Políticas] foi, sob muitos aspectos, um dos crisóis em que se modelou a versão francesa da história política. Haveria, no entanto, certa iniquidade em centralizar demais o *aggiornamento* assim realizado, já que este foi, na verdade, polilocalizado. Nenhuma instituição pode reivindicar sua paternidade exclusiva, e a marcha para frente foi o resultado de várias dinâmicas concomitantes.

Por isso, o movimento foi também polimorfo e polifônico. E, no final das contas, isto é o essencial: o renascimento da história política teve tanta intensidade justamente porque se revestiu de formas múltiplas e se operou, portanto, segundo um processo de geometria variável, estimulando a disciplina concernida tanto em seu coração quanto em seus flancos. O coração, certamente, foi reativado: a história do Estado, especialmente, está em vias de profunda renovação, a história da democracia também se revivificou e a história dos partidos se enriqueceu com novas abordagens. Bem mais, inicialmente lateral, a história cultural progressivamente se imiscuiu em muitas dessas abordagens, a ponto de se falar correntemente, hoje em dia, de história cultural do político.

Reiniciada em certos domínios, vitalizada em outros nos quais ela pouco se metera até hoje, a história política conheceu, portanto, no último quarto de século, um verdadeiro revigoramento. Nem por isso este artigo se quer um balanço desse rejuvenescimento[24], ou um diagnóstico sobre o estado de saúde atual dessa história, e ainda menos um prognóstico de sua evolução tendencial. Seu ângulo de ataque é outro e parte da seguinte constatação: no curso destes últimos vinte e cinco anos, o desenvolvimento da história política foi duplamente autocentrado: só se alimentou moderadamente de um verdadeiro diálogo com as outras ciências sociais e, ainda por cima, pouco se preocupou em situar seus objetos em jogos de escalas cronológicos ou espaciais. Polilocalizada, polimorfa e polifônica, por certo, mas também, portanto, autocentrada e fracamente multiescalar, a história política permaneceu, por isso, muito isolada.

Ao mesmo tempo, é verdade, uma parte da abertura necessária já está em curso. Um diálogo com as outras ciências sociais passou a ser cada vez mais necessário, ao longo das últimas décadas, já que o desenvolvimento da ciência política como disciplina autônoma tornou necessária uma proximidade com ela para evitar, da parte da história política, um enfraquecimento conceitual e um envelhecimento intelectual precoce no próprio momento em que se engatava seu *aggiornamento*. Esse diálogo era, de resto, tanto mais

---

[24] Ainda mais que este, é claro, não ocorreu apenas em história contemporânea. Meu propósito, nas páginas que seguem, parte, no entanto, de meu próprio campo de especialidade, ou seja, a história do século XX. O que não impede que muitos dos elementos que submeto à discussão pretendam contribuir para uma reflexão mais geral, indo além da história unicamente contemporânea.

necessário dado que o desenvolvimento concomitante da história do tempo presente situou alguns objetos políticos pertencentes a seu domínio em copropriedade com essa jovem ciência política. Mais amplamente, as relações com as outras ciências sociais igualmente se diversificaram, ainda que reste muito por fazer.

Quanto ao registro do multiescalar, em contrapartida, a constatação de isolamento permanece amplamente fundada hoje. É, portanto, sobre este ponto que o texto que segue pretende trazer sua contribuição[25] para uma reflexão indispensável sobre os jogos de escalas que a história política deve levar em conta.

Por uma abertura da história política

A tarefa é intrinsecamente difícil, pois a história política se interessa ao mesmo tempo pelas consciências individuais e por sua eventual agregação em opinião e/ou eleitorado. Ora, os jogos de escalas em torno de uma pessoa, e aqueles que concernem a um grupo humano são necessariamente de natureza diferente, a história política sendo, de resto, estruturalmente tensionada entre massas e indivíduos.

No que diz respeito a estes últimos, a historiografia se viu sob muitos aspectos vivificada ao longo das últimas décadas, em registros, é verdade, bem pouco ligados ao político. A voga da *microstoria*, especialmente, deu novamente densidade ao indivíduo, inserido em

---

[25] Este texto, sob muitos aspectos, se inscreve na continuidade de outro texto que redigi há cinco anos para a *Revue historique* ("Réflexions sur l'histoire et l'historiographie du XXᵉ siècle français" [Reflexões sobre a história e a historiografia do século XX francês], n. 635, 2005) – que se encontra no início do presente livro – e no prolongamento de um livro que publiquei no mesmo ano (*Comprendre le XXᵉ siècle français* [Compreender o século XX francês]. Paris: Fayard) e, especialmente, de seu capítulo introdutório ("La France du siècle dernier" [A França do século passado], *op. cit.*, p. 7-54). Como nessas duas publicações precedentes, tento, nas páginas que seguem, trazer minha colaboração à reflexão epistemológica e historiográfica sobre a história política, falando dos campos que explorei – aqui, desde 2005 – e voltando sobre as razões intelectuais e científicas que me levaram a eles. Por isso, a fim de recensear esses campos e inventariar essas razões, utilizarei essencialmente algumas notas de aparato crítico para remeter a alguns dos textos que publiquei entre 2005 e 2012, alguns deles publicados neste volume. Não se trata, portanto, aqui, de uma deriva autocitadora, mas da vontade de remeter o leitor a desenvolvimentos mais consequentes sobre os diferentes pontos abordados neste texto. Resta que este tem também, é claro, sua existência e sua coerência próprias.

perímetros limitados e observado em grupos reduzidos. E o interesse prestado às "culturas sensíveis" também balizou perímetros e grupos: como o indivíduo, por meio de seus diferentes sentidos, está conectado com seu ambiente, e que percepções ele retira dele? No cruzamento destas, há, portanto, uma presença direta do mundo ao redor, através das imagens e dos sons, dos cheiros e dos sabores, assim como dos contatos táteis. Se imaginamos facilmente a que ponto a historicização dessas percepções constituiu um valor extra para a análise histórica, a relação do indivíduo com o mundo nem por isso pode ser reconduzida a esse painel de bordo cujos quadrantes seriam os cinco sentidos. Convém, assim, levar em consideração uma espécie de caixa preta bem mais complexa, constituída por dados compósitos transmitidos tanto pelas culturas herdadas quanto pelos imaginários sociais, que contribuem igualmente para forjar as representações individuais e coletivas desse mundo ao redor e para delinear, desta forma, os horizontes próximos ou mais longínquos que o estruturam e balizam. É, de resto, nesse registro que opera a alquimia complexa entre o indivíduo e o grupo. As existências pessoais, assim como o metabolismo dos grupos humanos, devem, portanto, ser analisadas através de geometrias variáveis em que a parte daquelas e destes também é variável. Ora, no cruzamento do interesse pelo individual e pelo coletivo, pelo singular e pelo geral, encontra-se notadamente a história política, que se atribui como objeto a análise dos processos de devolução do poder no seio desses grupos, o exame das tensões e das lutas que daí decorrem e o estudo das ideias que alimentam esses confrontos. Essa história política deve, portanto, ser ressituada, ela também, nessas geometrias variáveis, que podemos resumir grosseiramente observando que elas se articulam, no que concerne a sua dimensão coletiva, entre a ágora, a Cidade e o mundo. Por certo, a história política se viu revivificada por esse momento historiográfico essencial que foi, há um quarto de século, o retorno do sujeito pensante e autônomo, mas ela se enfraqueceria se permanecesse à margem de outro momento, atualmente em curso, cujo nome, veremos, pode variar, mas que deriva daquilo que chamaremos, notadamente na esteira de Akira Iriye, o *transnational turn*. Essa evolução desejável, nem por isso é fácil, já que o perímetro da história política frequentemente foi o Estado-Nação. O que só faz tornar a tomada em consideração multiescalar dessa história ainda mais necessária.

A Cidade, ou o viver-junto

A ágora, a Cidade, o mundo? Por uma convenção de vocabulário, propomos aqui chamar ágora o lugar da troca e da deliberação políticas. Por certo, é possível objetar que se trata de uma extensão, senão de uma alteração, do sentido original herdado da Antiguidade grega. A ágora, de fato, não era então apenas um espaço político, mas igualmente, e tanto quanto, econômico e social. Resta que, numa perspectiva metafórica, a ágora é o inverso da morada, entendida como o lugar da esfera privada e da intimidade preservada. Ela sugere, portanto, a passagem a outro espaço,[26] em que o discurso político pode eventualmente se desdobrar, assim como podem funcionar aí as engrenagens que canalizam o dissenso e resultam em processos de arbitragem. A metáfora, seguramente, só pode operar num contexto de cidadania e de livre expressão, mesmo relativas, que, precisamente, remete à democracia ateniense ou ao *forum* da república romana, mas também, mais amplamente, a um regime político representativo. Assim entendida, o uso da palavra ágora permite reservar a outra palavra, a Cidade, um sentido bem mais extensivo, englobando essa ágora mas ressituando-a no seio de um conjunto mais amplo do que o registro exclusivamente político[27]: estamos aqui no domínio do viver-junto[28], cuja tomada

---

[26] Jean-François Sirinelli "De la demeure à l'agora. Pour une histoire culturelle du politique" [Da morada à ágora. Por uma histórica cultural do político], *Vingtième siècle. Revue d'histoire*, n. 57, jan./mar. 1998, retomado em *Comprendre le XXe siècle français, op. cit.*, p. 262-280.

[27] Esse sentido e esse uso, familiares a certos sociólogos, já estavam presentes, em 1992, em alguns de meus textos dos três tomos da *Histoire des droites en France* [História das direitas na França], que organizei então, em estreita colaboração com o editor Éric Vigne. Esse empreendimento editorial, sobre o qual volte na introdução de sua reedição (Paris, Gallimard, col. "Tel", 2007), foi não apenas apaixonante, mas constituiu então, além do mais, para mim, um verdadeiro laboratório experimental para novas abordagens históricas de um objeto político.

[28] Nos textos precedentes, emprego a noção do ser/estar-junto. Pensando bem, a de viver-junto me parece mais englobante, acarretando notadamente uma forma de voluntarismo na constituição de um espaço assim como de um laço político e social em seu seio.

em consideração pela história política é essencial. Para esta, trata-se, portanto, de uma primeira abertura intrinsecamente necessária, e a Cidade, como se vê, é aqui entendida num sentido que ultrapassa aquele da *polis*: ela remete a muito mais do que um corpo cívico e à estrutura política que permite sua representação. É do laço social que se trata, mas este tem, na França, um forte teor político, já que a Cidade aí se forja em parte pela e sobre a ágora.

Independentemente dessa constatação de certa especificidade francesa na matéria, aparece, portanto, como essencial para a história política tomar por objetos os dois registros a um só tempo. A análise ficará assim inevitavelmente mais rica. Permitirá, especialmente, superar a noção de regime político e dirigir-se àquela de sistema político. A primeira, de fato, remete antes ao registro, aliás essencial, das instituições, enquanto a segunda, mais ampla, integra uma reflexão sobre as relações entre essas instituições e a base socioeconômica e cultural sobre a qual elas se erguem.[29] A Cidade, portanto, é soldada por normas e valores que, *stricto sensu*, não são necessariamente de natureza política, mas cujo conhecimento e análise são fundamentais para o historiador do político.[30]

A Cidade na cultura-mundo

Nem por isso, esses dois círculos concêntricos da ágora e da Cidade bastam para caracterizar, por si sós, os jogos de escalas que essa história do político deve levar em conta. Há também uma dimensão mundo que não apenas lhe concerne, mas ocupa, além do mais, um lugar crescente nesses jogos. Seria, de fato, uma espécie de paradoxo a constatação de uma história política encolhida em camadas estreitas no momento mesmo em que as historiografias francesa e estrangeiras

---

[29] Foi nesse espírito que codirigi com Maurice Duverger, entre 1996 e 1998, uma *Histoire générale des systèmes politiques* [História geral dos sistemas políticos] nas edições PUF. Com a *Histoire des droites en France,* publicada na Gallimard alguns anos antes, esse empreendimento coletivo me permitiu pôr em prática, em dois projetos editoriais de grande envergadura, dois aspectos da história política que me pareciam importantes: a história das "culturas" e das "sensibilidades" políticas, por um lado, e a história dos "sistemas" políticos, por outro.

[30] Cf. "A norma e a transgressão", *supra*.

exploram as pistas e as jazidas de uma história cuja enunciação pode variar, mas que, "conectada", "global", "transnacional" ou "mundial", está de agora em diante atenta a essas dilatações do foco. Deixaremos aqui de lado a questão, aliás essencial, do uso de palavras que estão longe de serem sinônimas. Um fato, maior, permanece: há atualmente, nas práticas e nas curiosidades historiográficas, uma viragem transnacional. E mesmo sobre temas muito "nacionais" como a maior parte daqueles ligados à história política e que não teriam vocação, *a priori*, de ser englobados nos campos de uma *world history*, a dimensão mundial ou, mais precisamente, a relação com o mundo devem ser analisadas com atenção.

Se a abertura da ágora passa, portanto, pela tomada em consideração dos diferentes elementos que fundam e soldam a Cidade, esta não pode ser apreendida senão recolocada em perspectiva no seio do espaço-mundo. A Cidade, de fato, não está instalada num espaço perene. Este, e voltaremos a isso, pode se retrair ou dilatar ao sabor da história-se-fazendo. A conquista o aumenta, a derrota muitas vezes o mutila; o império por vezes redesenha seus contornos, antes que venha o tempo do refluxo. Bem mais, mesmo de perímetro constante, a Cidade não é totalmente impermeável, e sua porosidade eventual aos homens e mulheres vindos de outras partes é, de resto, um elemento do debate político: essa porosidade, introduzindo o Outro no seio da Cidade, alimenta estereótipos e engendra sentimentos complexos. O medo ou o temor desse Outro, quando este está do outro lado da fronteira, pode constituir um dos ingredientes de um nacionalismo fechado. E quando ele está dentro do território ou se encontra em países conquistados, esse Outro pode fazer nascer o desprezo e alimentar o racismo.

A Cidade, no fim das contas, não é, portanto, dissociável do mundo que a cerca e há mesmo uma verdadeira capilaridade entre os dois. E já que essa capilaridade, como vimos, existe também entre a ágora e a Cidade, esta última está realmente no cruzamento das duas dimensões: é o espelho onde tudo se reflete e se mistura. Por essa mesma razão, a ágora também recebe em cheio as mudanças do mundo. Observação que transcende as épocas, tanto é verdade que as comunidades humanas nunca vivem totalmente fechadas sobre si mesmas, mas que adquire uma importância particular no que se refere ao século XX, que vê a ascensão de uma cultura de massa que se transforma progressivamente, ao longo das últimas décadas, numa cultura-mundo. As configurações políticas dos Estados-Nação não podiam deixar de se modificar: a imagem do Outro, notadamente, evoluirá também, passando da estranheza que a distância cria a inclinações culturais comuns que a mescla pela imagem e pelo som engendra. Por conta dessa mescla, os universos mentais se aproximam e se fundem em parte.

Jogos de escalas no século XX

Para fazer a história política francesa do século XX, especialmente, esta colocação em tripla perspectiva ágora – Cidade – mundo é, portanto, não apenas importante mas indispensável. Por certo, aparentemente, um elemento da tríade, no caso a ágora, parece estável em primeira análise, mas as alterações dos dois outros elementos modificam a distribuição das cartas do conjunto.

A ágora, em primeiro lugar: esta, no que concerne à França, ao longo de todo o século passado, conheceu vicissitudes – o choque então inédito de uma guerra mundial, a crise dos anos 1930, o colapso de uma brutal derrota militar seguida de uma ocupação estrangeira – mas seu quadro geral, com exceção dos quatro anos do regime de Vichy, permaneceu globalmente o mesmo, aquele de uma democracia em suas variantes multiformes. Muito menos estável, em contrapartida, foi a Cidade ao longo do século passado. Por certo, num primeiro momento, ela foi regida por modos de regulação que pareciam, também eles, perenes: as normas e os valores que contribuíram para tecer o laço social e para consolidar o viver-junto provinham de todo um passado em que, numa nação forjada na ruralidade e numa civilização de relativa penúria econômica e insegurança social, a austeridade, a frugalidade e a previdência, "em suma, o adiamento da satisfação" (JEAN-DANIEL REYNAUD), eram virtudes cardeais. Isso posto, na França mutante dos Trinta Gloriosos, o afrouxamento das restrições econômicas progressivamente colocou essas regulações sociais herdadas em descompasso com a realidade do país, assim como as virtudes até então consideradas essenciais rapidamente se viram defasadas em relação à evolução da sociedade.

A Cidade, desta forma, conheceu a metamorfose mais rápida e mais profunda da história nacional. A França enriquecida e urbanizada dos anos 1960 não tem mais muita coisa a ver com a França do entreguerras que, sob muitos aspectos, se perpetuara durante o pós-guerra. Empurrada por um crescimento contínuo e gerador de pleno emprego, essa França garante a partir de então a seus habitantes uma maior segurança face aos percalços da vida – a doença, o acidente, o falecimento do chefe da família – ou da atividade econômica. A frugalidade e a previdência passam a ter menos razões de ser e, pelo contrário, a ser pouco a pouco consideradas como obstáculos ou freios a práticas que permitem a satisfação imediata das necessidades ou das aspirações.

Os primeiros sintomas disso se tornam então perceptíveis: assim, graças ao crédito, essa satisfação imediata; ou ainda, em outro registro, a erosão do conformismo social e da aspiração à semelhança, que contribuíam para reforçar o laço social, em proveito da reivindicação – num primeiro momento mais implícita do que explícita – do direito à diferença. Se esta última tendência mal se esboça nos anos 1960, de tanto que ela é contrabalançada na mesma época pela padronização crescente dos gêneros de vida, em contrapartida, começam então a despontar ao mesmo tempo atitudes novas face à autoridade – e portanto às normas – e outros comportamentos face às tradições e aos interditos – e portanto aos valores.

Quanto aos horizontes que limitavam o Estado-Nação França, eles também tinham permanecido relativamente estáveis ao longo de toda a primeira metade do século XX: uma França dilatada às dimensões do planeta pelo movimento de colonização. Uma

França-mundo, portanto, pois a um só tempo fixada na finisterra da Europa e instalada em vários continentes pela expansão colonial. Mas uma França-mundo que, na metade do século XX, viu em pouco mais de uma década a retração suceder à dilatação. Assim, os *baby-boomers*, nascidos no seio de uma "República imperial" se tornarão os adolescentes e depois os adultos de um país que retornou a sua matriz hexagonal. Houve bem aí uma espécie de horizonte perdido.

A esse horizonte perdido, é verdade, sucederam horizontes reconstruídos. A França da segunda metade do século XX, de fato, e voltaremos a isso mais adiante, após ter deixado de ser uma França-mundo se tornou uma França num mundo globalizado, configuração singularmente diferente, e tanto mais desestabilizadora dado que esse processo de globalização veio se somar a outra mudança de escalas concomitante, aquela acarretada pela construção europeia.

Vários jogos de escalas espaciais se confundiram portanto. Ora, os fenômenos políticos, e especialmente os processos de representações coletivas que são partes constitutivas suas, são indissociáveis dos perímetros geográficos no seio dos quais se desenvolvem, e estes nunca são duradouramente estabilizados, já que são tributários a um só tempo da história da comunidade nacional que aí vive e do destino dos vizinhos. O caso francês é, sob este aspecto, esclarecedor: o estudo da Quarta e da Quinta República não é realizável sem recordar, como já sublinhamos, que, nesse ínterim, "a França" mudou de base geográfica. Ainda mais, seu ambiente imediato continuou a se modificar ao longo da última década do século XX: a queda do muro de Berlim em 1989 e a seguir, ao longo dos anos seguintes, a reunificação alemã, mudaram uma vez mais a distribuição das cartas. Além disso, o fim da Guerra Fria e o desaparecimento de uma ameaça maciça vinda do leste fizeram com que nada, daí em diante, fosse como era antes.

O historiador do político deve, portanto, prestar contínua atenção às mudanças de base das comunidades que estuda: a história, de fato, dilata ou retrai essa base ao sabor de suas flutuações.

E o século XX, sob esse aspecto, foi particularmente flutuante: o apogeu e a queda dos impérios coloniais tiveram efeitos sobre a história de várias democracias ocidentais; as duas Guerras Mundiais e a Guerra Fria modificaram reiteradas vezes o mapa do mundo, sobretudo o da Europa. A primeira abertura necessária é, assim, aquela acarretada pela constatação dessas escalas móveis da inserção do político no espaço. A ágora certamente permanece aí o epicentro, mas não podemos dissociá-la de suas coroas externas, a Cidade, portanto, mas também o mundo.

O mundo, numa escala móvel do tempo

Vê-se, semelhante visão ternária representa já uma abertura da história política: a ágora é seu coração, mas, além disso, ela é o receptáculo e o incubador dos humores e das aspirações nascidas em esferas mais reduzidas – a morada, no sentido genérico do termo – ao mesmo tempo em que o lugar de cristalização de desafios coletivos bem mais amplos que não são arbitrados necessariamente nas instâncias propriamente políticas. Por certo, cada historiador do político, em função de sua sensibilidade historiográfica ou do acento que pretende colocar mais particularmente em tal ou tal aspecto, poderá contestar, discutir ou emendar as proposições precedentes e a visão ternária que as sustenta. Resta que a dinâmica ternária assim descrita é uma realidade e não uma reconstrução, quaisquer que sejam os nomes que lhe demos. Bem mais, essa primeira forma de abertura da história política é já, nos fatos, uma realidade historiográfica. Por isso, um campo disciplinar que se contentasse em recensear e gerir aquisições se transformaria logo em simples escrivão dos avanços realizados e, com o tempo, correria o risco de se tornar o administrador de massa falida de um ramo histórico necrosado. A partir da plataforma constituída por duas gerações de historiadores políticos que foram os artesãos da revivescência de sua disciplina, é preciso, portanto, de qualquer maneira, prosseguir no trabalho de rejuvenescimento, em todos os sentidos do termo:

a história política só permanecerá um domínio atraente para as novas gerações de pesquisadores se, por um lado, der lugar a estas, com suas próprias sensibilidades historiográficas e as capacidades de inovação intelectual que decorrerão destas, e se, por outro lado, os historiadores veteranos se colocarem, eles também, numa lógica de inovação, que deve portanto permanecer o imperativo categórico dos praticantes da história política. O autor destas linhas deseja, portanto, que elas constituam uma contribuição para uma reflexão em andamento. Havendo, de resto, um segundo ponto sobre o qual este texto pretende igualmente insistir: se considero que a história cultural do político constituiu uma etapa essencial da revivescência em curso,[31] que se articulava principalmente em torno da importância atribuída ao sujeito pensante, agente e, sob diversos aspectos, autônomo, sustento aqui que convém prosseguir na dinâmica assim engrenada explorando os jogos de escalas espaciais, mas também temporais, sem os quais a história política se privaria de chaves de análise preciosas.

Acabamos de tratar dos jogos de escalas espaciais. Mas a história política tem a ver também com uma escala móvel do tempo. De fato, mesmo quando trabalha com um perímetro espacial fixo, a história política é também tributária de outra dimensão, que é, com toda lógica, aquela do tempo. Aí também, como para o espaço, há muitos jogos de escalas do tempo a levar em consideração. Um objeto político deve sempre ser apreendido no cruzamento de várias temporalidades, e deve, por isso, conhecer uma segunda abertura de natureza temporal. O mais das vezes, esse objeto político se articula com um acontecimento que baliza o desenvolvimento da vida política. Mas nem por isso ele deve permanecer, nos processos de análise e de explicação de que é passível, acantonado no tempo curto que, senão, correria o risco de o aprisionar como uma gleba. O objeto político, de fato, precisa ser aberto cronologicamente, por duas razões pelo menos.

---

[31] É a ideia-chave de alguns dos textos reunidos em *Comprendre le XXe siècle français, op. cit.*

O tempo como objeto da história política

Seguramente, a primeira razão desse interesse que devemos atribuir ao tempo ultrapassa o domínio exclusivo da história política. É, na verdade, para o conjunto da disciplina histórica, outro imperativo categórico o de construir uma reflexão sobre o jogo das temporalidades: a História, afinal, é a ciência social a que cabe, entre outros objetos, a questão da inserção dos indivíduos e das comunidades na espessura do tempo. Semelhante questão coloca, logo de entrada, qualquer pesquisador que se interrogue sobre ela, numa situação de vertigem intelectual, já que o tempo está no coração de todos os processos vivos, quer estes se refiram aos micro-organismos, aos organismos ou às comunidades humanas. Em todos os casos, há evolução, senão mutação, e alteração, senão degradação. Sem cair em metáforas aproximativas, as sociedades humanas são a um só tempo agregados de indivíduos – e portanto de organismos vivos – e, em seu metabolismo próprio, elas próprias organismos. De resto, assim como as diferentes espiritualidades propõem dar um sentido à vida e à morte e se inserem, assim, *de facto*, na espessura do tempo – a eternidade sendo, aliás, outra forma de dar conta dela –, as diversas filosofias da história também pretendem dar conta de um suposto sentido do devir das comunidades humanas. Por essa mesma razão, a disciplina histórica é aqui essencial, pois só ela estuda a um só tempo o equilíbrio entre o "micro" dos destinos individuais e o "macro" da história dessas comunidades humanas e a oscilação entre o real (a história-se-fazendo) e o pensado (a história como narrativa, mas também, tanto quanto, como interpretação do passado próximo ou mais distante). Mas, além disso, o tempo não é apenas uma variável maior, é também um objeto em si mesmo, pois, em todas as comunidades humanas, a cada momento, a relação com o tempo é tripla: parece indispensável medi-lo; igualmente necessário buscar seu sentido, em todas as acepções do termo; bem mais, esse tempo medido e pensado é igualmente transmitido através de uma narrativa. Ora, sob muitos aspectos, a história política deve prestar atenção nessa tripla dimensão.

Em primeiro lugar, a medida do tempo se colocou em todas as sociedades humanas. A divisão do dia, o ritmo das estações, as idades da vida: os trabalhos e os dias devem ser balizados, e as grandes civilizações se moldaram principalmente em sua relação com o tempo e por meio de sua capacidade de dar conta dele. O tempo cotidiano e o tempo que transcorre, a relação com o presente e com o passado, portanto: os grupos humanos, a menos que nos percamos no espaço-tempo, tentaram se situar a uma só vez nos ritmos e ciclos da natureza e naqueles de sua própria história. E semelhantes tentativas resultavam necessariamente na busca de um sentido a dar a esses ritmos e a esses ciclos: muitas atividades espirituais ou intelectuais desses grupos humanos consistiram, de fato, em pensar sua relação com o tempo. As grandes religiões, ao proporem implícita ou explicitamente uma interpretação do destino humano, o inseriam num *continuum*, com uma Criação presumida e uma eternidade possível. Os grandes mitos, seja qual for sua natureza, também forneceram uma narrativa das origens e delinearam a gama dos possíveis em matéria de culminação. Gênese, de um lado, mistério da vida e do pós-morte do outro: as grandes questões que se apoderam dos indivíduos e atravessam os grupos humanos têm necessariamente uma relação com o transcorrer do tempo. E a história política, certamente, deve analisar suas formas e analisar seu teor. Ainda mais que, em outro registro, as filosofias da história também se debruçaram sobre esse transcorrer do tempo: este tem um sentido (palavra entendida aqui a um só tempo como significação e direção)? Mais amplamente ainda, de resto, as filosofias políticas, situando no coração de seu objeto a organização, mas igualmente o destino das sociedades humanas, estão também, sob esse aspecto, em busca de um sentido, no qual o transcorrer do tempo forçosamente desempenha um papel.

No final das contas, aliás, não são apenas as meditações espirituais ou filosóficas que vão dar nessa questão do tempo que passa. A ciência, em suas diferentes formas, também se interroga sobre ele. Explicar a origem do mundo, o ritmo das estações, a textura dos organismos e sua alteração, tantos domínios, entre outros, que contribuem para explicar o tempo dos indivíduos e aquele das sociedades. Reencontramos aí, de resto, a ciência histórica inteira, cuja função, como já sublinhamos, é ressituar esses indivíduos e essas sociedades na espessura temporal. Mas a reencontramos igualmente por outra razão. O tempo medido e pensado, de fato, é também um tempo transmitido, já que os grupos humanos elaboram uma narrativa do tempo transcorrido. Esse relato, no entanto, não é apenas o fruto dessa ciência histórica e a transmissão de suas aquisições racionalmente estabelecidas. Ele pode ser deformado, segundo processos que, de resto, variam com os lugares, os meios e as épocas: ele é assim por vezes mitificado, frequente e mais prosaicamente magnificado e, outras vezes, ocultado. Isso posto, deformado ou não, ele é ensinado e se pretende assim um saber transmitido pela escola. Também a esse título, certamente, ele concerne diretamente à história política, de que um dos objetos é, portanto, aqui, por uma espécie de *mise en abyme*, a própria disciplina histórica.

E é aí que as escalas do tempo se cruzam com as do espaço. Numa época em que os Estados-Nação são tensionados entre os processos de globalização ou de construção supranacional e aqueles de parcelamento dos regionalismos e dos poderes locais, uma cultura histórica partilhada desempenha muitas vezes o papel de cimento. Supõe-se, de fato, que ela possa refletir a história desse Estado-Nação, e a agregação em seu seio confere *de facto* a copropriedade dessa cultura herdada e adquirida.

Ou, mais precisamente, *deveria* conferir sua copropriedade. Pois, na realidade, a relação com o passado divide tanto quanto reúne. Ou, dito de outra forma, ela vai dar na questão da memória coletiva, cuja alquimia é, na verdade, muito complexa: essa memória se divide mas, igualmente, sem que seja paradoxal, divide.

Tal constatação concerne duplamente à história política. Por um lado, parece ter chegado o tempo, no seio da sociedade francesa, das memórias estilhaçadas, que, longe de serem integradas pela narrativa nacional, colocam-se por vezes em seus antípodas ou, pelo menos, se situam mais em suas margens do que em seu centro. Essas memórias, e sua entremistura complexa, são, por isso, um objeto determinante para a história política do tempo presente. Por outro lado, colocam ao mesmo tempo um real problema epistemológico a essa história política e, mais amplamente, à disciplina histórica: ao passo que esta tenta estabelecer e colocar em circulação um saber cientificamente estabelecido e referenciado, e portanto contribuir para o funcionamento de um regime de verdade estabilizado por regras de administração da prova da corporação historiadora, ela se choca, na verdade, com outros regimes de verdade que, por outros canais, entram em concorrência com ela.

A média e a longa duração

Essa relação necessária com o tempo deve também ser entendida em outro registro, que nos faz voltar ao multiescalar: a história política deve se considerar igualmente na média e na longa duração. Olhando bem, de resto, essa colocação em perspectiva cronológica decorre da própria concepção de uma história política alimentada pela história cultural. Numa abordagem culturalista, de fato, os fenômenos políticos são, a um só tempo, a expressão de desafios, de debates e de confrontos contemporâneos e o rebrotar de dados mais escondidos. Enraizados no presente, eles são também o afloramento de legados decorrentes de períodos anteriores. Os atores políticos não são apenas movidos por análises razoáveis ou doutrinas muito elaboradas, presentes no campo político e que contribuem para estruturá-lo, estão também no cruzamento de percepções mais complexas, oriundas de desafios e combates bem mais antigos. Essas percepções herdadas também pesam sobre as maneiras de perceber e de agir e afetam, assim, o metabolismo da Cidade. Aí também, o tempo e o espaço se entremisturam.

A análise histórica, especialmente em história política, deve portanto ser fundada numa espécie de perfuração que permita fazer aparecer os processos de capilaridade entre essas estruturas ocultas e os comportamentos coletivos da época estudada. O ganho obtido com esse procedimento retroativo não consistiria, aliás, apenas num suplemento de compreensão histórica. Também no plano epistemológico a história política se veria enriquecida. Esta, de fato, permaneceu com demasiada frequência acantonada no curto termo do acontecimento, faltando-lhe assim espessura, em todos os sentidos do termo. Não é o retorno do acontecimento que está em causa aqui: ele fornece, pelo contrário, a prova de que a espessura cronológica não é forçosamente necessária para que se obtenha consistência histórica. Mas a história política sofreu por muito tempo da maldição historiográfica que acompanhou esse acontecimento, arrimado no "tempo curto": o olhar do historiador do político era considerado intelectualmente curto porque, precisamente, voltado prioritariamente a esse "tempo curto". A atenção voltada de agora em diante a fenômenos mais dilatados no tempo confere a esse olhar uma maior acuidade, que ninguém cogitaria em lhe negar hoje.

É preciso insistir nisto: a história política foi acusada de ser uma história um pouco "curta", de fôlego curto porque restrita a relatar os atos dos poderosos e das elites e de visão curta por se inserir quase consubstancial e exclusivamente na temporalidade do acontecimento. A passagem da história política a uma temporalidade de geometria variável, especialmente pela prática da história cultural do político e, mais amplamente ainda, pelo recurso à antropologia histórica, constitui, portanto, para essa história política, uma espécie de recuperação intelectual e científica.[32]

Isso posto, a abertura temporal da história política não deve se operar apenas a montante, por uma colocação em perspectiva retroativa. Ela deve se operar também a jusante, em outros termos,

---

[32] Já tive a oportunidade, em 1998, de argumentar nesse sentido e de reivindicar essa repescagem em "De la demeure à l'agora", *ref. cit.*, e a exortação já se inscrevia naquela época numa lógica culturalista e de antropologia histórica (cf., a esse propósito, *Comprendre le XXe siècle français*, *op. cit.*, p. 31-32).

rumo às praias cronológicas formadas pelo transcorrer do tempo. Trata-se, no fim das contas, de prosseguir nessa perfuração historiográfica essencial que foi a implementação da história dita do tempo presente. Esse ponto é fundamental por ao menos duas razões. Em primeiro lugar, convém lembrar que foi, na verdade, no domínio da história política que ocorreu essa perfuração. O que, diga-se de passagem, era intelectual e cientificamente lógico. Afinal, é a vida política que, intrinsecamente, deixa em primeiro lugar rastros imediatos na vida de uma comunidade ou de um grupo humano, já que, como vimos, é a própria definição de história política estudar as lutas e as tensões concernentes à devolução e à repartição do poder no seio dessa comunidade ou grupo. Essa reação em cadeia é portanto a parte mais diretamente visível para o historiador que pretende dirigir seu olhar aos segmentos cronológicos próximos. Em outros domínios, podemos, por certo, localizar escansões visíveis ou inflexões marcantes, mas o metabolismo histórico é neles mais lento, pois suas evoluções respectivas estão ligadas a outros ritmos, prestando-se menos a uma análise que prescinda de colocação em perspectiva. Por certo, a história política deve também se desenvolver em diversas temporalidades e há aí um desafio historiográfico maior – como vimos, uma das razões de ser deste texto é recordar isso –, mas ela também pode se conceber – ao menos parcialmente – como o exame dos rastros deixados, que são como que o decalque da trama dessa vida política.

Se a primeira razão que dá todo seu sentido a este terceiro imperativo categórico que é a manutenção de uma história política do tempo presente é, portanto, evidente, é preciso ainda lhe atribuir uma segunda, menos límpida. A evidência desse imperativo, de fato, não deve dissimular a complexidade inerente a sua implementação. Essa complexidade se deve a múltiplos fatores, entre os quais alguns, clássicos, têm a ver com a administração da prova, coração da prática do historiador: um acesso mais difícil às fontes, uma maior dificuldade de distinguir o acessório do essencial, um embaraço na aspiração de historicizar fenômenos de causalidade, tantos obstáculos a semelhante prática. Ao mesmo tempo, é verdade, é precisamente porque esses obstáculos foram, ao longo das últimas décadas, inventariados e neutralizados, que a história do tempo presente adquiriu legítimas credenciais historiográficas. Ainda mais que essa história trazia em si mesma mais-valias, como o recurso ao testemunho direto de contemporâneos dos fatos estudados. Mas foi aí, precisamente, que surgiu um segundo tipo de dificuldades inerentes: o testemunho é, por essência, o fruto de mecanismos memoriais. Não é, de resto, uma coincidência se as reflexões sobre história e memória e a aculturação, nesse domínio, das análises de Paul Ricœur, vieram de historiadores do tempo presente. Por isso, as relações entre história e memória também se complexificaram ao longo das últimas décadas, e a implementação da história do tempo presente se viu perturbada. E foi, é claro, o campo político, mais diretamente sensível a essas interferências e seu efeito de parasitagem, que se viu em primeiro lugar atingido por esses mecanismos de reverberação entre presente e passado bem próximo. Sem falar que a proximidade cronológica, que funda o pacto historiográfico concernente à história do tempo presente, gera também outros efeitos de parasitagem, quase automáticos, quando os temas tratados ainda não esgotaram sua própria resiliência no seio das sociedades em que se desenvolvem. Como, por exemplo, trabalhar com maio de 1968, quando esse acontecimento, ou mais precisamente suas supostas consequências, ainda são objeto de debates, espontâneos ou instrumentalizados, e ainda têm uma radioatividade contemporânea? Ao mesmo tempo, é verdade, tais questões e sua neutralização fazem parte do ofício e da prática do historiador do tempo presente.[33]

Mais complexa, em contrapartida, é a questão dos limites cronológicos desse tempo presente. Estes, por definição, são cambiantes, transformam-se à medida que o tempo transcorre. Em

---

[33] Tentei, de minha parte, restituir o acontecimento Maio de 68 num jogo de temporalidades diversas: cf. *Mai 68. L'événement Janus* [Maio de 68. O acontecimento Janus]. Paris: Fayard, 2008.

vários textos precedentes, propus, para dar conta da escala móvel do tempo com que o pesquisador que trabalha com a história próxima deve lidar, a imagem do pôlder: assim como os camponeses holandeses ganharam territórios do mar, esse historiador trabalha com praias cronológicas regularmente formadas pelo tempo que passa. A abertura aqui é quase orgânica, mas deixa intacta esta questão essencial: a partir de que prazo essa praia cronológica está suficientemente estabilizada para fazer parte do campo de visão do historiador? Na mesma medida em que certas ciências sociais pretendem capturar ao vivo uma história em curso de se fazer, a disciplina histórica deve manter esta a distância. Não entraremos aqui na questão da fixação dessa distância necessária. Qualquer que seja o limiar fixado, o que conta aqui é que esse limiar é móvel e que a história política, pelas razões evocadas acima, é o domínio em que o historiador pode chegar mais perto do período que lhe é contemporâneo, mais perto nem por isso significando chegar a seu limiar imediato. O afastamento mínimo correntemente admitido, ligado principalmente a exigências de acesso a fontes arquivísticas, é de cerca de trinta anos.

Os anos 1970 e 1980: um *front* pioneiro?

Em outros termos, é todo período até os anos 1980 que faria parte doravante do campo do historiador do tempo presente. E é aí que reencontramos os jogos de escalas espaciais. Para esse historiador, de fato, a aposta a vencer tem a ver tanto com o registro da história mundial – com o início da implosão, no fim dessa década, da Europa Central e Oriental comunista – quanto com aquele da história nacional – com uma Quinta República que conhece então os primeiros sinais de desarranjo,[34] – o que não facilita nem um pouco as coisas. Esse período dos anos 1970 e 1980 é um verdadeiro

---

[34] Permito-me remeter aqui às hipóteses formuladas na conclusão de meu "Que sais-je?"*, *La Cinquième République* [A Quinta República]. Paris: PUF, 2008, nova edição, 2013. (* Literalmente, "Que sei eu?", trata-se de uma coleção análoga à Primeiros Passos, da Editora Brasiliense com seus títulos "O que é ..." [N.T.])

front pioneiro que deve ser organizado, e sua consolidação passa principalmente pela instalação em seu seio de uma nova geração. Desejo que não passaria de um voto piedoso se subestimássemos, por negligência ou precipitação, a questão da documentação, particularmente essencial para esse aprendizado universitário que é a tese de doutorado. Esta é duplamente fundamental para a progressão do conhecimento histórico: por um lado, é por intermédio dessas teses que se opera o estabelecimento de uma parte dos conhecimentos históricos, já que elas constituem uma alavanca para a pesquisa; por outro, elas são o "lugar" de formação das gerações sucessivas de historiadores. Mas estas não podem se engajar em trabalhos que lhes seriam cronologicamente próximos demais, posto que as regras acadêmicas relativas ao doutorado exigem uma documentação densa, estável e referenciada. Essas teses, em geral, se engajam, portanto, menos facilmente em períodos demasiado próximos do que os colóquios ou, no registro dos trabalhos pessoais, livros que se querem mergulhos sem no entanto ter pretensões de exaustividade. Em outros termos, por um paradoxo apenas aparente, não são os mais jovens que se engajam primeiro na história bem próxima, mas, quando estão presentes nela, é o sinal de que o pôlder está em vias de estabilização.

A abertura cronológica a montante dos séculos passados, evocada mais acima, só pode, de resto, corroborar esta pesquisa a jusante que a história política do tempo presente constitui. O pôlder só tem sua razão epistemológica de ser se apoiado no dique da história multidecenal e secular. Esse ponto é mais fácil de defender, tanto é verdade que ele contribui para fundar a identidade intelectual e científica da história do tempo presente e para precisar sua singularidade em relação às outras ciências sociais. Estas, em verdade, se definem o mais das vezes em relação a objetos contemporâneos: a sociologia, por exemplo, ou as ciências da comunicação, ou ainda a ciência política, articularam assim seus respectivos procedimentos heurísticos em torno de objetos de que a história do tempo presente, quando também desemboca sobre eles, não pode reivindicar mais do que a copropriedade. A partir daí se colocam, nesses canteiros comuns, as questões da singularidade e do aporte específico dessa história do tempo presente.

A resposta é bem conhecida e ela funda essa singularidade e legitima esse aporte: a disciplina histórica pode, por certo, se apossar de agora em diante de objetos muito próximos – ao menos em relação ao que foi por muito tempo sua lista de tarefas, e mesmo sem reivindicar de modo algum a possibilidade de praticar uma história imediata –, mas ela só pode justificar tal presunção sob a condição de situar igualmente esses objetos em temporalidades mais amplas do que aquela em que, por essência, estão confinadas as outras ciências sociais. Só a disciplina histórica, de fato, pode operar perspectivações cronológicas. Certamente, as outras ciências sociais também se arrogam o direito de fazê-lo, especialmente as três acima citadas, tendo aliás para tanto reais justificativas epistemológicas, mas só a disciplina histórica tem a vocação intrínseca de operar tais perspectivações. É mesmo, e isso já foi sublinhado, o que funda sua identidade científica: a inscrição dos fenômenos estudados na espessura do tempo.

Isso posto, recordar essa vocação e reivindicar essa identidade não deve servir apenas, mesmo se tratando de um ponto importante, para afirmar a importância e o aporte da história política do tempo presente, que só ela pode se inscrever em semelhante cadeia de temporalidade. Há igualmente ganhos epistemológicos a receber dessa inscrição dos objetos estudados na duração: são os jogos de escalas cronológicos entre essa fina película de tempo e o tufo da média duração que podem conferir à história política uma mais-valia de inteligibilidade e colocá-la definitivamente ao abrigo dos processos de visão curta. Sob a condição, é preciso insistir, de inscrever igualmente esses objetos em sua articulação complexa com uma história-mundo a que as mutações econômicas e socioculturais da segunda metade do século XX conferiram uma realidade inegável.

Fontes dos textos

I. Reflexões sobre a história e a historiografia do século XX francês [Réflexions sur l'histoire et l'historiographie du XXe siècle français]. *Revue Historique,* Paris, n. 635, 2005.

II. Ecossistema e jogos de temporalidades: os Vinte Decisivos [Écosystème et jeux de temporalités: les Vingt Décisives]. In: GARRIGUES, J.; GUILLAUME, S.; SIRINELLI, J.-F. (Orgs.), *Compreendre la Ve République*. Paris: PUF, 2010.

III. Os deslizamentos progressivos do olhar: por uma história dos estereótipos [Les glissements progressifs du regard: pour une histoire des stéréotypes]. In: *Mélanges en l'honneur de Ralph Schor*. Paris: Éditions Classiques Garnier, 2012.

IV. A norma e a transgressão: observações sobre a noção de provocação em história cultural [La norme et la transgression: remarques sur la notion de provocation en histoire culturelle]. *Vingtième siècle. Revue d'histoire,* Paris, n. 93, p. 7-14, jan.-mar. 2007.

V. "Johnny", um lugar de memória? ["Johnny", un lieu de mémoire?]. *Histoire @Politique. Politique, culture, société,* n. 16, jan.--abr. 2012.

VI. "O 10 de maio" de 1981 não acontecerá ["Le 10 mai" 1981 n'aura pas lieu]. *Le Débat,* n. 164, p. 85-93, mar.-abr. 2011.

VII. A história política na hora do "transnational turn": a ágora, a Cidade, o mundo... e o tempo [L'histoire politique du "transnational turn"; l'agora, la Cité, le monde... et le temps. *Revue Historique,* Paris, n. 658, 2011.

Este livro foi composto com tipografia Bembo Std e impresso
em papel Pólen Bold 70 g/m² na Formato Artes Gráficas.